# 村干部应知应会

◎ 吴玉平　叶建军　刘　莉　主编

中国农业科学技术出版社

**图书在版编目（CIP）数据**

村干部应知应会 / 吴玉平，叶建军，刘莉主编 . --北京：中国农业科学技术出版社，2022. 7（2025.9 重印）

ISBN 978-7-5116-5799-2

Ⅰ. ①村…　Ⅱ. ①吴…②叶…③刘…　Ⅲ. ①农村-干部工作-中国　Ⅳ. ①F325. 4

中国版本图书馆 CIP 数据核字（2022）第 108382 号

**责任编辑**　崔改泵
**责任校对**　李向荣
**责任印制**　姜义伟　王思文

**出 版 者**　中国农业科学技术出版社
北京市中关村南大街 12 号　邮编：100081
**电　　话**　(010)82109194(编辑室)　(010)82109702(发行部)
(010)82109709(读者服务部)
**网　　址**　http://www. castp. cn
**经 销 者**　各地新华书店
**印 刷 者**　北京中科印刷有限公司
**开　　本**　148 mm×210 mm　1/32
**印　　张**　6
**字　　数**　173 千字
**版　　次**　2022 年 7 月第 1 版　2025 年 9 月第 6 次印刷
**定　　价**　30. 00 元

# 《村干部应知应会》

## 编委会

# 前　　言

乡村事业关键在人，关键在干部。群众富不富关键看“村干部”，乡村强不强全凭“领头羊”。村干部处在农业农村工作的第一线，担负着贯彻落实党的各项方针政策的重任，他们对法律法规、政策制度的充分掌握至关重要。在当前基层治理实践中，有一些村干部对农村日常管理所需的法律、规章、制度还存在不同程度的知识盲区。为了提升村干部的法律知识储备，帮助他们更好地吃透政策，我们组织专家编写了本书。

本书包含村级组织工作规则、农村集体“三资”管理、村级集体经济发展等内容，分为知识问答、法律法规、政策制度、典型案例等四个篇章。其中，知识问答和典型案例部分的内容通俗易懂，言简意赅。本书可作为浙江省丽水市乡村基层干部开展工作的工具书，也可作为全国广大农业农村工作者学习的参考书。

由于编写时间仓促，再加上编者水平有限，书中难免存在不足之处，敬请广大读者批评指正。

编　者

**2022 年 5 月**

# 目　　录

## 第一篇　知识问答



## 第二篇　农业农村法律法规



## 第三篇　浙江省农业农村政策制度

## 第四篇　警示案例

# 第一篇

# 知识问答

# 一、村级组织工作规则知识问答

## 1. 村级组织主要是指哪些机构？

这里的村级组织，主要是指村党组织、村民委员会、村经济合作社，以及村务监督委员会和共青团、妇联、民兵、调解、治保等组织或机构。

## 2. 村党组织在村里的地位和职责是什么？

村党组织是中国共产党在农村的基层组织，全面领导隶属本村的各类组织和各项工作，讨论和决定本村经济建设、政治建设、文化建设、社会建设、生态文明建设和党的建设以及乡村振兴中的重要问题，领导本村社会治理，支持和保证村民委员会、村经济合作社，以及村务监督委员会和其他村级组织依法依规行使职权。村党组织应当加强自身建设，做好发展党员和党员教育管理工作，建设好村组干部队伍。

## 3. 村民委员会在村里的地位和职责是什么？

村民委员会是村民自我管理、自我教育、自我服务的基层群众性自治组织，依法办理本村的公共事务和公益事业，排查化解矛盾纠纷，协助维护社会稳定，向人民政府反映村民的意见、要求和提出建议。

## 4. 村经济合作社在村里的地位和职责是什么？

村经济合作社是社区性农村集体经济组织，依法代表全体社员行使集体财产所有权，承担资源开发与利用、资产经营与管理、生产发展与服务、财务管理与分配的职能。

## 5. 村务监督委员会在村里的地位和职责是什么？

村务监督委员会是村民对村务进行民主监督的机构，负责监督村务、财务管理等情况，受理和收集村民有关意见建议。

## 6. 村党组织是否要听取村其他组织工作汇报？

村党组织一般每半年听取 1 次村民委员会、村经济合作社，以及村务监督委员会等村级组织的工作汇报，并提出意见建议，必要时应随时听取汇报。

## 7. 村党组织的运行机制是怎么样的？

村党组织委员会是村党组织日常工作的领导机构。村党组织委员会会议一般每月召开 1 次，根据需要可以随时召开，对村党组织重要工作进行讨论、作出决定。村党组织委员会会议须有半数以上委员到会方可进行。

## 8. 村务联席会议制度如何运行？

村务联席会议讨论研究和商议本村日常工作以及村党组织研究提出的议题，根据需要召开。联席会议由村党组织书记召集并主持，村“两委”班子成员参加；涉及村集体经济事项的，村经济合作社班子成员应当参加；不是村党组织班子成员的村务监督委员会成员列席。参加会议人数须超过应到会人数的三分之二。村党组织第一书记、农村工作指导员、乡镇联村干部应当到会指导。村务联席会议讨论决定事项时，赞成数超过应到会人数的半数为通过。

## 9. 村级组织哪些事项要实行民主决策，依法依规实行“五议两公开”？

村级组织要实行民主决策，依法依规实行“五议两公开”重大事项主要包括：

（1）村经济发展和社会治理规划及年度计划，美丽乡村建设规划。

（2）村民自治章程、村规民约和村经济合作社章程的制定和修订。

（3）村级财务预决算，大额集体资金使用，集体举债，集体资金出借。

（4）道路、桥梁、水利等村级公益事业的兴办和筹资筹劳，村集体经济项目的立项、承包、招投标。

（5）集体资产处置，包括土地、房屋、林地等集体资产的承包租赁，宅基地的安排和使用，村集体经营性建设用地处置，股份合作制改革和集体企业的改制。

（6）上级扶持资金的使用，村级收益分配，村安置房的分配，征用、征收土地各项补偿费的分配和使用。

（7）被征地农民参加基本养老保险等政策落实人员的确定。

（8）领取村干部工作报酬和误工补贴的人数及标准。

（9）涉及村集体和村民利益的其他重大事项。

## 10. “五议两公开”的一般程序是什么？

（1）党员群众建议。村党组织积极发挥党员联系服务群众作用，采取上门走访、入户听声等方式，广泛听取群众对重大事项的意见建议。

（2）村党组织提议。根据党员群众意见建议，村党组织集体研究提出议案。

（3）村务联席会议商议。召开村务联席会议，对议案进行充分讨论和论证，形成商议意见。村务联席会议讨论重大事项，一般应提前通知应当参会和列席的全体人员。村务联席会议决定重大事项时，应当进行表决。

（4）党员大会审议。村党组织通过民主恳谈、村民说事等途径，充分征求对议案的意见，提交党员大会审议。审议通过后，组织党员干部深入农户做好宣传。

（5）村民（代表）会议决议。在村党组织领导下，由村民委员会召集村民（代表）会议，对议案进行讨论并表决，村务监督委员会成员应当列席会议。对涉及村集体经济事项的，还应召开社员（代表）会议进行讨论表决。

（6）表决结果公开。经村民（代表）会议或社员（代表）会议表决通过的事项，形成书面决议，及时进行公告。

（7）实施情况公开。决议事项在村党组织领导下，由村民委员会或村经济合作社组织实施，由村务监督委员会、村经济合作社监督委员会全程监督，实施结果及时向全体村民（社员）公开，公开内容要全面、真实、准确。

## 11. 村级班子应如何实行任职回避？

全面实行村级班子成员任职回避，村党组织、村民委员会、村经济合作社各班子内和各班子间成员存在夫妻、父母、子女、兄弟姐妹关系的，应实行任职回避；“一肩挑”人员应与其配偶、父母、子女、兄弟姐妹、祖父母、外祖父母、孙子女、外孙子女实行任职回避；村民委员会成员及其近亲属、村经济合作社社长不得担任村务监督委员会成员。村文书（报账员、出纳）等人选，应与村党组织、村民委员会、村经济合作社，以及村务监督委员会成员之间没有夫妻、父母、子女、兄弟姐妹关系，人选应由村党组织提出，经村务联席会议研究后，提交村民（代表）会议或社员（代表）会议通过后，报乡镇人民政府批准。

### 12. 村支部、村民委员会、村务监督委员会、经济合作社成员能否兼任村级财务人员？

不能。

### 13. 村务监督委员会主任任职有怎样的规定？

村务监督委员会主任原则上由村党组织副书记兼任，村党组织设纪委的原则上由纪委书记兼任，不设副书记或纪委书记的原则上由纪检委员或负责纪检工作的党组织班子成员兼任，村党组织书记不得兼任。兼任村务监督委员会主任的党组织班子成员，不得分管或负责财务资金、工程项目、资产管理等与履行监督职责有关的事项。

### 14. 村务监督委员会有哪些权力？

村务监督委员会依法行使知情权、质询权、审核权、建议权和主持民主评议权，重点加强对村务决策和公开情况、村级财产经营管理、村级工程项目建设、惠农政策措施落实等的监督。村务监督委员会一般应每月召开 1 次例会，每半年向村党组织汇报 1 次村务监督情况，每年向村民（代表）会议报告 1 次工作。健全制约有效、务实管用的监督制度，推行村民委员会主任定期报告村务财务制度。

### 15. 村级组织印章如何管理？

村党组织印章由组织委员管理，不设委员会的党支部由书记管理。村民委员会和村经济合作社印章由村文书（报账员、出纳）管理。村经济合作社财务专用章由乡镇会计代理机构管理，法人章由村经济合作社社长管理。村务监督委员会印章由村务监督委员会主任以外的指定成员保管。村民委员会主任、村经济合作社社长调整的，调整期间村民委员会和村经济合作社印章由乡镇人民政府保管。除指定人员外，其他人员不得管理印章。严格印章使用审批备案。

# 二、农村集体“三资”管理知识问答

## 1. 什么是村经济合作社？

村经济合作社，是指在农村双层经营体制下，集体所有、合作经营、民主管理、服务社员的社区性农村集体经济组织。完成股份合作制改革后的村经济合作社统一称为村股份经济合作社。

## 2. 村经济合作社有什么权力？

村经济合作社依法代表全体社员行使集体财产所有权，享有独立进行经济活动的自主权。尚未设立村经济合作社的，村集体财产所有权由村民委员会行使。

村集体所有的财产受法律保护，禁止任何单位和个人侵占、哄抢、私分、破坏村集体所有财产。

## 3. 村经济合作社如何登记赋码？

由县级农业农村部门统一颁发办理《农村集体经济组织登记证》，赋予统一社会信用代码。赋码办理分为：初次登记赋码、换证登记赋码、重新登记赋码、事项变更登记、注销登记赋码等多种情况。农村集体经济组织的名称、住所、法定代表人等原登记赋码事项发生变更的，村集体经济组织要及时向县级农业农村部门申请变更登记，并提交法定代表人签署的《农村集体经济组织事项变更申请表》、成员大会或成员代表会议作出的变更决议、修改后的组织章程等材料。农村集体经济组织修改章程，但未涉及登记事项的，要及时将修改后的组织章程报送县级农业农村部门备案。

### 4. 村经济合作社组织登记证有什么作用？

村经济合作社可据此证办理公章刻制和银行账户开立、变更等相关事项。

### 5. 村经济合作社社员如何界定？界定社员的主体是谁？

严格按照《浙江省村经济合作社组织条例》规定来界定。户籍在本村，符合下列条件之一，且遵守村经济合作社章程的农村居民，为本村经济合作社社员。

（1）开始实行农村双层经营体制时原生产大队成员；

（2）父母双方或者一方为本村经济合作社社员的；

（3）与本社社员有合法婚姻关系落户的；

（4）因社员依法收养落户的；

（5）政策性移民落户的；

（6）符合法律、法规、规章、章程和国家、省有关规定的其他人员。

界定社员的主体是村社员（社员代表）大会。

### 6. 户籍不在本村，应当保留社员资格的情形有哪些？

因下列原因之一户籍关系迁出本村或者被注销的，应当保留社员资格：

（1）解放军、武警部队的现役义务兵和符合国家有关规定的初级士官；

（2）全日制大、中专学校的在校学生；

（3）被判处徒刑的服刑人员；

（4）符合法律、法规、规章、章程和国家、省有关规定的其他人员。

## 7. 村经济合作社有哪些具体职责?

(1) 保护管理村集体所有或者使用的土地和森林、山岭、荒地、滩涂等资源;

(2) 经营管理村集体所有的资源性资产、经营性资产和公益性资产,组织各业集体资产的发包、租赁,拓展物业经营;

(3) 提供社员生产经营和生活所需的服务;

(4) 建立健全村集体资产经营管理、财务会计、民主理财、收益分配和产权制度。

## 8. 村经济合作社社管会有哪些具体职责?

(1) 召集、主持社员(代表)大会;

(2) 拟订本社经济发展规划、生产经营计划和集体资产经营管理方案;

(3) 组织重大投资项目可行性论证并提出投资决策方案;

(4) 拟订本社财务管理制度、财务预决算方案、收益分配方案和资产经营责任考核方案;

(5) 执行社员(代表)大会通过的决议;

(6) 负责日常社务管理工作。

## 9. 村经济合作社社监会有哪些具体职责?

(1) 监督本社章程的执行;

(2) 监督社员(代表)大会决议的执行;

(3) 监督社管会的职责履行及日常工作;

(4) 审查本社财务并向社员公布审查情况。

社监会主任或者社监会成员代表有权列席社管会会议。

## 10. 村经济合作社社员大会有哪些具体职责?

(1) 通过、修改章程;

（2）讨论决定章程未明确的社员资格条件及保留、丧失社员资格的有关事项；

（3）选举、罢免社管会成员和社监会成员；

（4）听取、审查社管会和社监会工作报告；

（5）讨论决定经济发展规划、生产经营计划、基本建设投资计划、年度财务预决算和各业承包方案；

（6）讨论决定集体资产处置方案；

（7）监督财务管理工作；

（8）讨论审议本社的分立、合并、终止事项；

（9）讨论决定其他有关事项。

## 11. 股权管理有哪些规定？

集体资产折股量化的股权，由股份经济合作社向持股成员（股东）出具当地统一印制的农村集体资产记名股权证。量化的股权经董事会批准可以在股东内部转让，但股份经济合作社不得进行股权回购、代购，任何人不得退股提现，股份经济合作社股权可依法继承。股份经济合作社要建立股东台账，及时登记股权转让及红利分配情况，原则上不随人口增减而变动，维持现有持股成员的稳定，实行静态管理。

## 12. 什么是农村集体“三资”？

农村集体“三资”指的是农村集体资金、农村集体资产和农村集体资源。

农村集体资金是指村组集体所有的货币资金，包括现金和银行存款。

农村集体资产是指村组集体投资兴建的房屋、建筑物、机器、设备等固定资产，水利、交通、文化、教育等基础公益设施以及农业资产、材料物资、债权等其他资产。

农村集体资源是指法律法规规定，属于集体所有的土地、林地、山岭、草地、荒地、滩涂、水面等自然资源。

### 13. 农村集体资产包括哪些？

（1）依法属于村集体经济组织成员集体所有的土地和森林、山岭、草原、荒地、滩涂、水域等资源性资产；

（2）村集体经济组织成员集体所有的用于生产经营的建筑物、构筑物、设施设备、库存物品、各种货币资产以及债权、股权等经营性资产；

（3）村集体经济组织成员集体所有的用于教育、科学、文化、卫生、体育等公益事业的非经营性资产；

（4）村集体经济组织成员集体所有的其他有形和无形资产。

村集体经济组织接受社会资助、捐赠和财政直接补助所形成的资产，属于本集体经济组织成员集体所有。

### 14. 农村集体资产交易有哪些规定？

达到县级人民政府确定的标的额的农村集体资产交易，应当进入农村产权交易市场公开进行，标的额以下按照相关规定流程执行。

### 15. 哪些情形应当进行农村集体资产评估？

（1）以入股、合资、合作等方式经营农村集体资产的；

（2）转让农村集体资产的；

（3）因村集体经济组织合并、分立需要调整农村集体资产权属的；

（4）因村集体经济组织终止需要处分农村集体资产的；

（5）法律、法规规定需要进行农村集体资产评估的其他情形。

### 16. 村集体土地征收后留用地或者留用地货币补偿使用有哪些规定？

留用地或留用地货币补偿应当用于发展农村集体经济，不得直接分配给集体经济组织成员；留用地的使用应当符合城乡规范和土地利用总规划。

**17. 单位和个人经营或者使用农村集体资产有哪些规定？**

应当与村集体经济组织签订书面合同，合理确定合同期限、标的，明确双方的权利和义务。

**18. 村集体经济组织以及村集体经济组织经营管理人员，能否以本集体资产为其他单位和个人的债务提供担保？**

不能。

**19. 能否用集体资金购买商业保险？**

不能。

**20. 政府部门能否强制村经济合作社配套资金？**

以政府投入推动的农村公共设施建设和城乡基本公共服务均等化项目，不得强制村集体经济组织安排配套资金。

**21. 任何单位和个人能否强制村集体经济组织捐款捐助或者向村集体经济组织摊派？**

不能。

**22. 有哪些事项应经社员代表大会应到成员三分之二以上通过？**

（1）本集体经济组织年度财务预决算、收益分配和非生产性支出方案；

（2）农村集体资产经营方式、经营目标及重大经营事项的确定和变更；

（3）重大投资和工程建设项目、较大数额的举债；

（4）出借集体资金；

（5）集体土地征收征用补偿费的分配和使用；

（6）留用地和集体经济发展资金的使用；

（7）宅基地的分配；

（8）依法进行的集体经营性建设用地入市；

（9）涉及集体经济组织全体成员利益的其他重大事项。

## 23. 村经济合作社账户管理有哪些规定？

村经济合作社只能开设一个基本存款账户，用于办理日常转账结算和现金收付；除土地补偿费专门账户外，不得开设其他专用或者临时账户。

村经济合作社开设一般账户及开设一般账户的数量，由本集体经济组织成员大会或者成员大会授权的成员代表大会应到成员过半数确定。开设的一般账户基本信息及数量，应当报乡镇人民政府（街道办事处）备案。

村经济合作社可以委托县（市、区）农业农村主管部门或者乡镇人民政府（街道办事处）组织公开招投标，确定存储本集体经济组织大额存款的商业银行。

## 24. 村级非生产性开支主要包括哪些？

村级组织和村干部［指村党组织、村委会、村务监督委员会和村（股份）经济合作社管委会成员，下同］的报酬补贴、办公和会务费、交通差旅费、招待费、外出学习考察、报刊订阅以及捐助赞助等各项费用支出。

## 25. 如何规范村干部报酬补贴发放？

严禁违反规定巧立名目发放各类补贴、津贴、奖金，严禁在专项资金中列支或负债发放村干部补贴。严禁用集体资金为村干部配备移动电话，严格控制通讯费支出。

**26. 党员参加党内各类会议、活动能否领取误工补贴？**

不能。

**27. 各级政府部门或其他企事业单位在村召开的现场会、推进会、观摩会等产生的费用由谁承担？**

各级政府部门或其他企事业单位在村召开的现场会、推进会、观摩会等产生的费用由会议主办单位承担。

**28. 村干部是否能够领取固定交通补贴或报销汽油费？**

不能。

**29. 各级政府部门、党政机关及所属单位到村开展公务活动能不能招待？**

不能。

**30. 村与村之间工作联系及村与上级有关部门之间的工作联系能不能招待？**

不能。

**31. 可以用村集体资金宴请招待到村开展公务活动的机关工作人员吗？**

不能，确需在当地用餐的，费用由用餐人自理。

**32. 能否用集体资金购买贺年卡、挂历、年历等物品和登播祝贺性、拜年性广告？**

不能。

## 33. 会议用餐可否列支烟、酒费用，可否发放会议纪念品？

不能。

## 34. 村级组织在什么情况下可以租用车辆？

村级组织不得租用车辆，除突发性事件、突击性任务等特殊情况外。

## 35. 村级会议记录有哪些基本要求？

不能以签到代替表决，会议签到不能代签，不能私自新增或补录会议记录，不能一次表决多个事项。

## 36. 村集体资金支出有哪四个“严禁”？

严禁用村集体资金宴请招待到村开展公务活动的机关工作人员，确需在当地用餐的，由用餐人自理费用；严禁用村集体资金购买礼品卡、土特产、香烟及各种有价证券、支付凭证；严禁用村资金到休闲娱乐场所消费；严禁各村之间及村内以任何名义用集体资金相互宴请、赠送礼品及安排其他消费活动。

## 37. 外出学习考察有哪四个“严禁”？

严禁村级组织无实质性内容、无明确考察目的的学习考察；严禁借学习考察名义变相旅游；严禁外出途中擅自变更路线、延长日程、增加地点；严禁与学习考察内容无关的人员参加。

## 38. 外出学习考察审批手续有哪些规定？

须事先召开村班子会议研究，提交社员代表会议讨论通过，并报乡镇（街道）批准后方可实施。

## 39. 村级组织公费能订阅哪些报刊？

限于订阅党报党刊、农村经济发展等报刊，杜绝订阅娱乐性杂志。

## 40. 村级组织公费订阅报刊限额标准是什么？

人口1 000人以下、1 000人至3 000人、3 000人以上的村，欠发达地区年公费订阅报刊限额分别为1 500元、2 000元、2 500元，其他地区年公费订阅报刊限额分别为3 500元、4 000元、4 500元；上一年村级集体经济收入100万元以上的村，公费订阅报刊限额可适当提高，但最高不得超过1倍。

## 41. 村级财务票据有哪些规定？

村级财务票据必须是财政部门监制的财政票据、税务部门监制的发票、省农村集体经济组织统一收据或符合财税制度规定的规范性票据，分收入凭证和支出凭证两类进行管理。

## 42. 票据填制有哪些要求？

（1）记录真实。票据的填制日期、业务内容、数量、金额等必须与实际情况相符，保证原始票据内容真实可靠。

（2）内容完整。票据必须按规定的格式和内容逐项填写清楚齐全，不得遗漏。发票必须要有填制单位的公章或专用章；自制凭证要有经办单位负责人或其指定人员及经办人员的签字或盖章。

（3）填写规范。票据上的文字和数字要求字迹清楚，易于辨认，不得任意涂改、刮擦、挖补，不得单联次填写。

## 43. 村级统一收据使用有哪些规定？

村级票据仅限于村级集体经济组织范围内使用，严禁买卖、转借、伪造、代开和擅自销毁。

## 44. 村级支出凭证有哪些?

村级支出凭证有财政部门监制的财政票据、税务部门监制的发票和符合财税制度规定的部门及村集体经济组织自制凭证。

## 45. 村级支出凭证有什么要求?

集体经济组织发生支出事项除按规定可使用自制凭证外，须取得盖有填制单位公章或专用章的财政部门监制的财政票据、税务部门监制的发票。村集体经济组织自制凭证用于支付村干部报酬、集体经济组织成员误工费、勤杂人员人工报酬和五保户、困难户等优抚对象的补助资金及发放土地征用补偿费、政策性兑现资金等。

## 46. 村集体经济组织自制凭证适用于哪些支出内容?

村集体经济组织自制凭证可用于支付村干部报酬、集体经济组织成员误工费、勤杂人员人工报酬和五保户、困难户等优抚对象的补助资金及发放土地征用补偿费、政策性兑现资金等。

## 47. 村级财务公开的内容包括哪些?

（1）收入：①产品销售、租赁和服务收入等集体经营性收入；②发包及上交收入；③投资收入；④“一事一议”筹资及以资代劳款项；⑤村级组织运转经费财政补助款项；⑥上级专项补助款项；⑦征占土地补偿款项；⑧救济扶贫款项；⑨社会捐赠款；⑩资产处置收入；⑪其他收入。

（2）支出：①集体经营支出；②村社干部报酬、差旅费、会议费、办公费等管理费支出；③订阅报刊费支出；④误工补贴、劳务等支出；⑤集体公益福利支出；⑥固定资产购建支出；⑦征占土地补偿费支出；⑧救济扶贫专项支出；⑨其他支出。

（3）资产：①现金及银行存款；②产品物资；③固定资产；④农业资产；⑤对外投资；⑥其他资产。

（4）资源：包括集体所有的耕地、林地、草地、园地、滩涂、水面、“四荒地”以及集体建设用地等。

（5）债权债务：①应收单位和个人欠款；②银行（信用社）贷款；③欠单位和个人的借款；④其他债权债务。

（6）收益分配：①收益总额；②公积公益金金额；③福利费金额；④外来投资分利金额；⑤成员分配金额；⑥其他分配金额。

## 48. 公开的重要事项包括哪些内容？

（1）集体资产运营计划，包括财务收支、固定资产购建、农业基本建设、对外投资计划等。

（2）集体土地征占补偿及分配方案。

（3）涉及集体资产资源发包、租赁、出让、投资等的会议纪要（决议）、招投标及协议、合同等。

（4）集体工程招投标及预决算、审价。

（5）“一事一议”筹资筹劳方案。

（6）农村集体经济组织审计结论或结果（涉及商业秘密等不宜公开的情形以及审计过程中的档案、材料、票据等除外），以及审计整改和处理情况。

（7）其他需要公开的重要事项。

## 49. 集体资产和财务管理公开时间有哪些规定？

（1）财务收支情况。村级集体经济组织应至少每季度公开一次。对于财务往来较多的，应当每月公开一次。

（2）资产、资源。村级集体经济组织应至少每年公开一次，有变动时应随时公开。

（3）重要事项。重要事项应当逐项及时公开。对于时间跨度较长、分阶段完成的重要事项，应当每隔一段时间或每完成一个阶段，公布一次进展情况；全部完成后要及时公布最终结果。

## 50. 集体资产和财务管理公开方式有哪些规定?

村级集体经济组织应在村内群众易于聚集或主要道路地段设置固定公开栏进行集体资产和财务管理公开并至少保留15日以上，也可采用会议、广播、“明白纸”等多种形式、多种渠道公开。

## 51. 集体资产和财务管理公开程序有哪些规定?

集体资产和财务管理公开前，应当由社监会对公开内容的真实性、完整性进行审核，提出审查意见。公开资料经村级集体经济组织负责人签字、社监会审核并盖章后公开，其中财务公开表式统一由乡镇（街道）会计委托代理机构打印提供给村级集体经济组织。

## 52. 如何规范开展清产核资?

村经济合作社每年要对集体所有的各类资产进行清查核实，按照统一清查内容、统一清查方法、统一公示公开、统一登记文书等“四统一”要求，严格把握清产核资政策界限，做到不遗漏、不重复、不错登。清产核资结果要向全体社员公示，并经社员（代表）大会确认。

## 53. 村级财务开支如何审批?

严格执行村级财务开支审批制度，由村党组织书记、村民委员会主任、村经济合作社社长和村务监督委员会主任联审联签；实行“一肩挑”的村，村民委员会副主任和村经济合作社副社长参与联审联签；不设副主任、副社长的村，由村务联席会议研究确定一名村民委员会班子成员和社管会成员参与联审联签；城市社区经济合作社财务支出，应指定一名党组织成员或社管会成员联签。

## 54. 如何加强资产资源管理?

村经济合作社要按照“清查、登记、申报、建档、公示、审核”程序建好资产资源台账。加强村级合同管理，清理长期、低价、不规范合同，集体资产资源实行承包、租赁、出让经营的，须签订规范的书面合同，合同内容应包含租金市场调节机制。引导村经济合作社对资产资源租赁设置适当年限，资源发包一般不超过15年，房屋等不动产出租一般不超过5年。

## 55. 村干部能否在村属企业兼职取酬？

原则上不得在企业取酬。

## 56. 村级组织能否擅自设立项目或采用村规民约违规向农民收费，用罚款、押金、违约金等方式来管理村级事务？

不能。

## 57. 村经济合作社举债有哪些规定？

村经济合作社应当合理控制债务规模。乡镇人民政府（街道办事处）可以根据村集体经济组织的经营管理需要和债务偿还能力，对村集体经济组织的债务规模设置警戒线，并对村集体经济组织及其成员发布预警信息，提示债务超过警戒线可能造成的风险。

村经济合作社不得举债兴办公益事业，举债从事经营性活动应当纳入村级重大事项决策范围，参照执行“五议两公开”机制，并报乡镇党委、政府或农业农村部门审核或备案。

## 58. 对于村级组织收费有哪些规定？

向村级组织收取的行政事业性收费、经营服务性收费和要求的捐款、赞助等，村级组织必须经过乡镇政府审核，经审核同意后方可列支；村级组织向农民收取费用，以及村内公益事业建设开展一事一议向农民筹资筹劳的，村级组织应当向乡镇（街道）监督农民负担的管理机构进行申报，经审核同意后方可实施。

## 59. 农业农村行政主管部门需要对哪些单位开展审计？

（1）农村集体经济组织；

（2）农村集体经济组织所属的单位；

（3）使用村提留、乡镇统筹费给农村义务工、劳动积累工等农民承担费用（劳务）的单位。

## 60. 农业农村行政主管部门在进行农村审计时，拥有哪些职权？

（1）要求被审计单位如实提供财务收支计划及其执行情况、财务报告、合同以及其他与财务有关的资料，查阅、复印被审计单位的会计凭证、会计账簿、会计报表、预算、决算等会计资料，检查资金和财产，被审计单位不得拖延、谎报；

（2）对审计事项涉及的问题，有权向有关单位和人员调查，收集证明材料；

（3）发现被审计单位转移、隐匿、篡改、毁弃会计报表、会计凭证、会计账簿以及其他财务资料的，必要时，经农业农村行政主管部门负责人批准，可暂时封存被审计单位与违反财务收支有关的账册资料；

（4）发现被审计单位有违反国家和农村集体规定的财务收支行为的，有权予以制止。

农村审计人员行使职权时，被调查单位和个人应当如实反映情况和提供证明材料，不得拒绝和阻碍。

## 61. 被审计单位在哪些情形下涉及法律责任？

被审计单位有下列情形之一的，由农业农村行政主管部门责令其限期改正，通报批评或者给予警告，并可对有关单位的负责人、直接责任人员处以500元以上1 000元以下的罚款：

（1）拒绝、拖延提供与审计事项有关资料的；

（2）拒绝、阻碍审计检查的；

（3）转移、隐匿、篡改、毁弃会计凭证、会计报表及有关资料的；

（4）弄虚作假，隐瞒事实真相的；

（5）拒不执行审计意见书的；

（6）对农村审计人员打击报复的。

## 62. 违反村级财务管理规定行为责任追究形式有哪些？

（1）通报批评；

（2）责令公开道歉；

（3）赔偿损失；

（4）停职检查（待岗）、调离工作岗位、责令辞职、免职、辞退等。

## 63. 哪些行为由村经济合作社社长和联签人负主要责任？

（1）未按要求制订村经济合作社年度财务收支预算和年终财务决算的；

（2）未建立健全村经济合作社财务管理和民主监督制度的；

（3）对内容不真实、票据不合规、报销手续不齐全的开支进行审批的；

（4）违反规定任免村出纳、安排非村出纳管理现金或者非村出纳办理票据的；

（5）代收代付行为未按规定时间结报的；

（6）违反规定出借村集体资金或提供经济担保的；

（7）违反规定管理使用专项资金的；

（8）基建工程项目、大额集体资产购置、拍卖、转让、发包、租赁，以及应收款项、投资款项增减，未经民主决策先行实施或未经招投标管理的；

（9）村干部报酬、补贴等非生产性开支超过规定标准的；

（10）违规开支招待费的；

（11）本人或授意他人违规开设银行账户，设立账外账、小金库、公款私存，以及截留、侵占、挪用集体资产的；

（12）未按规定及时逐项逐笔公开财务的；

（13）对上级或社监会（民主理财小组）提出的正确意见，整改不及时或措施不力的；

（14）打击报复村财务人员和社监会（民主理财小组）成员的；

（15）不接受上级审计和乡镇（街道）监督管理的；

（16）因领导原因，未在规定时间内向乡镇（街道）会计委托代理中心报账的；

（17）因管理不善，造成村集体资产流失的；

（18）不按规定进行村经济合作社收益分配的；

（19）违反规定和民主程序签订村级经济合同或者有关合同未向乡镇（街道）会计代理中心备案，有关合同未附在报账相关收支票据后的；

（20）其他违反村经济合作社财务管理行为的。

## 64. 哪些行为由社监会主任负主要责任，涉及社监会成员追究其相应责任？

（1）未按财务制度要求进行财务审核、监督的；

（2）发现财务违规行为不制止、不提出整改意见的；

（3）在群众中散布不真实的财务情况引发群体性上访的；

（4）超越审核、监督权限造成财务管理混乱的；

（5）其他违反村级财务管理行为的。

# 三、村级集体经济发展知识问答

## 1. 什么是农村集体经济？

农村集体经济是集体成员利用集体所有的资源要素，通过合作与联合实现共同发展的一种经济形态，是社会主义公有制经济的重要组成部分。

## 2. 农村集体经济的主要特征是什么？

封闭性、合作性、区域性等。

## 3. 什么是集体经济薄弱村？

村级集体经济年收入（包括各级财政一般性转移支付补助资金、经营收入、发包及上交收入、投资收益和其他收入，不含项目补助和村干部报酬补助）10 万元以下的村或经营性收入 5 万元以下的村。

## 4. 什么是集体经济相对薄弱村？

村级集体经济年收入（包括各级财政一般性转移支付补助资金、经营收入、发包及上交收入、投资收益和其他收入，不含项目补助和村干部报酬补助）10 万元以上 15 万元以下的村或经营性收入 5 万元以上 8 万元以下的村。

## 5. 发展壮大村级集体经济的意义是什么？

（1）发展壮大村级集体经济是巩固党在农村执政根基的基础保证；

（2）发展壮大村级集体经济是打赢脱贫攻坚战役的战略举措；

（3）发展壮大村级集体经济是推进乡村振兴的动力源泉，是实现高水平全面小康的必然要求。

## 6. 丽水市发展壮大村级集体经济的五年目标是什么？

到 2022 年底，丽水市所有村集体经济年收入达到 20 万元以上且经营性收入达到 10 万元以上，年经营性收入 50 万元以上的行政村力争达到 200 个。到 2025 年底，丽水市集体经济年经营性收入达到 15 万元以上，打造 300 个年经营性收入 50 万元以上，具有示范引领作用的集体经济示范村。力争实现中央扶持村集体经济年收入达到 40 万元以上且经营性收入达到 20 万元以上。

## 7. 什么是中央扶持村？

根据中央和浙江省委的部署，2019—2022 年，每年安排丽水市 191 个行政村纳入中央和省级财政资金壮大村级集体经济扶持范围，给予每个村 50 万元项目补助资金。

## 8. 丽水市发展壮大村级集体经济的主要框架是什么？

县级统筹、乡镇联建、村级单建。

## 9. 发展壮大村级集体经济的主要因素是什么？

各级干部（首先是县级以下三级干部）是发展壮大村级集体经济的重要决定性因素。

## 10. 村级集体经济年收入包括哪些?

村级集体经济年收入包括各级财政一般性转移支付补助资金、经营收入、发包及上交收入、投资收益和其他收入，但不含项目补助和村干部报酬补助。

## 11. 什么是经营收入?主要包括哪些?

经营收入是指村集体组织进行生产、服务等经营活动取得的收入，包括农产品销售收入、销售物资收入、租赁收入、服务收入、劳务收入。村集体经济组织一般于产品物资已经发出，劳务已经提供，同时收讫价款或者取得收取价款的凭据时，确认经营收入的实现。租赁收入遵循权责发生制原则，按照租赁合同分年度平均记入。

(1) 宅基地有偿选位。指申请农户均已取得农户宅基地使用权和群众自愿、民主决策的前提下，可采用招标等公开方式对地段较好的宅基地实行有偿选位，归村集体所有的收益部分可按宅基地有偿选位费记入“经营收入”。

(2) 产品销售。村集体经济组织代购代销产品，所得收入应扣除采购成本后记入“经营收入”。

(3) 服务收入。村集体提供乡村保洁、绿化养护服务获得的收入，应扣除雇员工资等成本后计入“经营收入”；村集体成立的经营服务实体，其收入扣除成本后，上交的利润记入“发包及上交收入”。

## 12. 什么是发包及上交收入?

发包及上交收入指农户和承包单位承包集体耕地、林地、果园、鱼塘等的承包金及村（组）办企业上交的利润。村集体流转集体土地、拍卖荒山、荒地、荒水、荒滩等土地使用权获得的收入，应根据权责发生制原则，按使用权年限，分年度记入“发包及上交收入”科目。

## 13. 什么是投资收益？

投资收益指村集体对外投资取得的收益扣除发生的投资损失后的数额，包括对外投资分得的利润、现金股利、债券利息，以及投资到期收回或者中途转让取得款项高于账面价值的差额。

（1）财政扶持资金投资运作收益。财政扶持集体经济发展资金未到村而直接交由国资、金融机构或其他基金形式运营的，取得的收入不能记入“投资收益”，可记入“补助收入”；财政扶持集体经济发展资金统筹用于项目形成的资产，未明晰村集体产权或股份的，项目收益记入“补助收入”。

（2）集体资金出借收益。集体自有资金经集体经济组织成员（代表）会议通过后出借的，借款利息可记入“投资收益”。

## 14. 为什么要设经营性收入指标？

发展壮大村级集体经济，关键要放在长效机制建设上，授之以鱼不如授之以渔，要通过实施项目，提高增加稳定的经营性收入能力。

## 15. 什么是强村公司？

强村公司脱胎于2013年浙江省丽水市庆元县政府设立的“农村集体经济发展基金”，通过县级国资平台对扶贫开发、两山一类等资金进行整合管理，推动重点项目的建设。2017年，丽水市消除集体经济薄弱村工作领导小组在充分调研的基础上，以“市场化运作”为切入点，以村经济合作社为股东新设或重组县、乡“强村公司”，进一步加强“消薄”（消除村集体薄弱村）资金管理，盘活乡村闲置资源，化解人才短缺难题，壮大村级集体资产，科学培育乡村业态。

## 16. 什么是飞地经济模式？

2017 年在山海协作结对基础上，丽水市与结对地市共同探索联建“消薄”项目“飞地经济”，破解加快发展地区资源不足、空间狭小和生态保护现实掣肘。截至 2021 年底，丽水市先后确定跨市“飞地”项目 14 个，总投资 8.17 亿元，覆盖行政村 1 491个，年回报约 0.83 亿元。

## 17. 什么是结对帮扶？

实施百名干部联百村、百个单位扶百村、百个企业结百村“三百”专项行动，组织各级机关事业单位、企业、侨团采取多种措施帮扶壮大村级集体经济。实现集体经济相对薄弱村派驻村第一书记、农村工作指导员、科技特派员全覆盖。鼓励强村和弱村结对共建，通过项目建设，人员互派、资源共享等实现优势互补、互利共赢。

## 18. 丽水市对发展壮大村级集体经济有哪些财政支持？

2021—2025 年，丽水市财政每年统筹安排 1 000万元资金用于村级集体经济巩固提升工作，重点支持各县（市、区）巩固“消薄”成果工作、对重点扶持村、重点示范发展项目等补助、村集体增收工作的推广交流以及其他市委市政府重点支持的工作，助推村级集体经济发展。

## 19. 丽水市对发展壮大村级集体经济有哪些土地保障？

各县（市、区）安排不少于当年新增建设用地指标的 3%，用于村级集体经济发展项目，并优先向相对薄弱村倾斜。开展城乡建设用地增减挂钩项目，对宅基地复垦新增的耕地，由村级集体经济组织按照规定用途管理和使用，经批准可将节余的建设用地指标调剂到城镇建设使用，其土地增值收益按有关规定缴入国库后，可通过预算或结算安排支出的方式专项扶持村级集体经济发展。涉及集体经济“飞地”项目的，两地政府应在建设用地指标、耕地占补平衡指标等方面开展合作支持。村级集体经济组织建设农业生产、加工、经营、服务设施的，享受与新型农业经营主体同等的各项用地优惠。严格落实村级留用地政策，农村集体土地依法被征收为国有土地的，应按不低于被征收土地面积5%的比例，给被征地村安排集体经济发展留用地，或以留用地指标折算为集体经济发展资金等形式予以补偿。

## 20. 丽水市对发展壮大村级集体经济有哪些税收优惠？

对符合条件的村级集体经济，享受小微企业优惠政策：月销售额10万元以下（含本数）的增值税小规模纳税人，免征增值税；对增值税小规模纳税人，按照50%幅度减征资源税、城市维护建设税、房产税、城镇土地使用税、印花税、耕地占用税和教育费附加、地方教育附加；小型微利企业年应纳税所得额不超过100万元的部分，按实际税负5%缴纳企业所得税；年应纳税所得额超过100万元但不超过300万元的部分，按实际税负10%缴纳企业所得税。对村级集体经济从事农、林、牧、渔业项目的所得，免征、减征企业所得税。对村级集体经济从事国家重点扶持的公共基础设施项目投资经营的所得，免征、减征企业所得税。对村级集体经济从县级以上各级人民政府财政部门及其他部门取得的应计入收入总额的财政性资金，符合相关条件的，可以作为不征税收入，在计算应纳税所得额时从收入总额中减除。浙江省确定的集体经济相对薄弱村投资兴建的物业建设项目，免收人防工程易地建设费。对村集体建设集中居住点、人才公寓、民工公寓等公益性物业，鼓励减免水电、通信、广播电视等设施建设安装（预埋）费用。

## 21. 丽水市对发展壮大村级集体经济有哪些金融支持？

加大集体经营性项目信贷投放力度，鼓励金融机构对集体经营性项目按市场报价利率（LPR）提供贷款，并开通绿色通道。健全完善政策性农业信贷担保体系，在符合政策导向和业务范围前提下，积极为村级集体经济组织提供政策性融资担保服务。鼓励金融机构拓宽农村抵押物范围，推广农村承包土地经营权抵押贷款、活体畜禽抵押和林权抵押贷款，稳慎开展村级集体经济融资。支持村级互助担保组织建设，提高农户小额贷款惠及面。

## 22. 村级集体经济收益分配范围有哪些?

（1）年度可分配收益范围：是指在一个会计年度内，经营收益、投资收益、入股分红、服务型收益、资产租赁所得、资源发包收益以及其他按规定可以纳入年度收益分配的收入，扣除当年的经营管理成本、缴纳税费等各项支出后剩余的部分，再加上上年度未分配收益。一次性或集中收取的集体资产租赁、资源发包等收入，应分摊到各个收益年度进行分配。

（2）不得纳入年度收益分配范围：财政“农村公益事业财政奖补”等筹资筹劳或以奖代补专项资金、财政下拨的村级组织运行经费、上级专项补助及政府部门投入的具有专项或特定用途的款项、财政扶持发展集体经济资金，财政专项奖励资金、救灾救济、社会捐赠，以及其他按规定不得纳入年度收益分配的收入，归村集体所有，不得纳入年度收益分配。

（3）其他定向分配收益范围：征地补偿费、森林生态效益补偿补助、退耕还林补助、资产处置收益、集体经济发展留用地补偿资金和集体经营性建设用地入市收益等收入，按照有关规定分配和使用。

（4）经营管理成本范围：主要包括经营支出、管理费用、其他支出。村集体经济组织的管理人员工资（补贴）、办公费、差旅费、管理用固定资产折旧费和维修费等作为管理费用核算。

## 23. 村级集体经济收益分配是按怎样的程序进行的?

（1）核算实绩。在收益分配前，农村集体经济组织要在村务监督委员会、社监会的监督下，全面清查资产、清理债权债务，加大应收款项的清收力度；搞好承包经营合同的结算和兑现，按时足额收缴合同、租赁协议等所规定的上缴款及其他收益。在此基础上，准确核算全年收入、支出和可分配收益。

（2）确定方案。农村集体经济组织理事会（社管会）根据年度可分配收益情况，研究提出年度收益分配方案（包括分配范围、分配金额、分配项目及占比、使用方向等），按照“五议两公开”程序进行研究审议后，书面报告乡镇政府（街道办事处）。收益分配方案中，应就利用财政扶贫资金取得的收益分配情况作专门说明；如若列支发展村级集体经济收益发放奖励和村干部报酬待遇补贴，则应当一并提出奖励方案、补贴方案。

（3）审核公示。乡镇政府（街道办事处）组织农业农村、财政等部门根据村集体经济资产和收益情况，指导村党组织会同集体经济组织按程序完善收益分配方案。然后由村集体经济组织理事会（社管会）将收益分配方案提请集体经济组织成员（代表）大会讨论、表决，形成书面决议。向全体集体经济组织成员进行不少于7天的公示。

（4）组织实施。方案公示无异议后，制作收益分配表，由股权户代表和相关受益人签字确认后，再由村集体经济组织按照农村集体经济组织资金财务管理相关规定将收益发放股权户代表和相关收益方。公积公益金、福利费由村“两委”负责管理和按规定程序开支。年度收益分配工作原则上在次年4月底前完成。

（5）结果备案。分配完成后，村集体经济组织将收益分配方案、“五议两公开”记录、乡镇政府（街道办事处）反馈意见、集体经济组织成员（代表）大会决议、公示公开内容、收益分配签字表等，报乡镇政府（街道办事处）备案。乡镇及时汇总所辖行政村集体经济收益分配方案及收益分配情况，报县级组织、财政、农业农村、民政、审计等部门备案。

## 24. 发展壮大村级集体经济的十大途径是什么？

（1）盘活资产。

集体建成资产——闲置的办公用房、老校舍、仓库厂房、农房、礼堂、大棚、电力设施等，采取资产发包、租赁经营或自主开发等方式盘活。

集体自然资产——山、水、林、田、地、湖及农村闲置资源，盘活激活增加村级集体经济收入。

例如，浙江省丽水市青田县章村乡充分利用山水资源，积极探索“河权改革”工作，建立山水开发与管理一体化的长效机制，盘活集体和农户资产。共探索了集体承包、股份制承包、合作制承包、农户承包等 4 种山区河道经营权承包模式，顺利完成 12 个行政村，17 条河道、85 余千米的经营权出让，占流域内河道总长的 75%以上；所得河道承包总租金超过 50 万元。

（2）土地入股。盘点农村土地承包经营权、集体非农用地、宅基地等，借力“多规合一”和“农地入市”改革，提升土地利用价值和附加属性。

鼓励符合条件的欠发达村优先开展全域土地综合整治，将结余土地指标有偿调剂收益补助村集体，将土地整治和开发所获取的收益归纳为村集体收入。

村集体组建土地股份合作社或专业合作社，引导农民以土地承包经营权入股，由村集体实行集约化经营，增加集体经营收入。

例如，浙江省丽水市缙云县新建镇笕川村借力“三改一拆”“无违建”创建工作东风，推进村庄综合整治，拆除各类违建 7 万多平方米。同时，根据当地交通、区位、环境优势，采取“村集体+村民”的众筹模式，集中流转土地 500 余亩，种植数百亩创意花海，打造全省首条环花海观光小火车线路，2018 年接待游客 20 多万人次，旅游收入 370 余万元，村级集体收入 272 万元。拆后空地变为生财“宝地”，实现资源有效利用最大化。

（3）服务增收。生产性服务业：土地托管、代耕代种、冷库收储、仓储物流、河道保洁；生活性服务业：农贸市场、卫生保洁、自来水管护等。

由强村公司采取统一规划、统一建设、统一经营、收益归村等方式，建设和购置商铺店面、农贸市场、标准厂房等物业。

例如，五虎垟标准厂房是龙泉市东盛标准厂房经营管理有限公司负责建设，厂房占地 28 616.7平方米，总建筑面积 42 096.28平方米，龙泉市岭坤村、石马村等 48 个村筹集资金 2 400 万元委托龙泉市农村集体经济发展有限公司投资东盛公司参与五虎垟标准厂房项目。2019 年 9 月，岭坤村、石马村等 48 个村已获得五虎垟标准厂房项目第一批投资收益 5 万元，实现村级集体经济长效增收，增强村集体高质量“造血”功能。

（4）产业发展。根据当地土壤、海拔、水质、气候等自然资源条件，结合传统的种植文化，大力发展现代特色农业产业。因地制宜发展小宗类、多样性特色种养，特别要加强地方品种种质资源保护和开发。

以高质量发展的农业产业为导向，加快农村一二三产业融合发展，拓展农业多种功能，延长产业链、提升价值链、完善利益链。

例如，浙江省丽水市景宁畲族自治县大地乡 13 个村立足生态资源优势，结合当地特色农业产业实际，联合成立大地兴村农业发展有限公司，积极探索中蜂养殖产业“公司+集体+农户”的经营模式，村集体每年创收 3 万余元。

（5）乡贤反哺。2015—2016 年，中央一号文件指出：“创新乡贤文化，弘扬善行义举，以乡情乡愁为纽带吸引和凝聚各方人士支持家乡建设，传承乡村文明。”

成立“乡贤理事会”等，吸引乡贤回村，通过“牵线搭桥、投资捐助、引入项目、认购认建、出谋划策、提供信息、联络关系”等方式，为促进村级集体经济增收做贡献。

（6）村企结对。用足“千企结千村、消灭薄弱村”政策：企业的资金、产业、渠道、信息、人才、管理、理念、经验和教训；用活“千企结千村、消灭薄弱村”政策：千企为我村，我村结千企。

例如，浙江省丽水市云和县紧水滩镇抓住与省交投集团结对的契机，大力发展订单农业，不仅为当地农户增收，强村公司也得到快速的发展。

（7）入股分红。各级财政拿出专项资金，村集体投入部分资金，共同筹建村级集体经济发展基金，扶持集体经济欠发达村获得投资收益。基金主要投资于政府、融资平台及其他能获得稳定收益的投资，获取利息收入，并实行基金股份动态调整。

例如，2013年浙江省丽水市庆元县政府设立的“农村集体经济发展基金”，通过县级国资平台对扶贫开发、两山一类等资金进行整合管理，推动重点项目的建设。

（8）飞地抱团。打破区划限制，以生产要素的互补和高效利用为目的，在特定区域合作建设开发产业园区，通过规划、建设、管理和利益分配等合作和协调机制，实现互利共赢的区域经济发展模式。

例如，浙江省丽水市青田县以“山海协作”“区域合作”为重要依托，2017年6月与平湖市签订《山海协作“飞地”产业园合作协议》，通过整合结对帮扶资金，在平湖中德工业区共建产业园区，产业园建成运营后，青田县将投资总额10%的固定收益和园区企业税收地方所得50%的税收分成，分配给全县包括94个薄弱村在内的265个村，2018年底村均按股获得5万元的收益，实现固定“血源”异地一体化“造血输血”。

（9）资源挖潜。认识和利用阳光、空气、水、土地、森林、草原、动物、植物、菌类、矿藏等有形资源和无形资源。

例如，浙江省丽水市庆元县隆宫乡毛竹资源丰富，素有“生态竹乡”之称，以优质发展项目为依托，建设毛竹特色园区，项目总投资约1.3亿元，用地面积112.57亩，预计建设15 000~20 000平方米标准厂房，能够实现乡域范围内全部企业搬迁。通过市场化运作，园区企业每年预计产值约5亿元，厂房建设完成后将获得租金60万~100万元，其中50%的租金收入将平均分配给隆宫村、中村村、张地村等5个薄弱村。

（10）文化振兴。文化是人类在社会历史发展过程中所创造的物质财富和精神财富的总和，是人类社会与历史的积淀物。发掘本地文化底蕴，推广农文旅融合，是村集体经济发展壮大的有效途径。

例如，浙江省丽水市莲都区碧湖镇堰头村坐拥千年大型水利工程通济堰，是著名的“巴比松油画”发祥地。近年来，堰头村以美丽乡村建设为契机，利用丰富的历史文化积累和人文景观，进一步传承和丰富文化旅游内涵，不断加强古堰画乡景区建设，新建世遗通济堰馆、龙庙碑文陈列室、绿色文化长廊等基础设施，定期举办赛龙舟、双龙庙会祭祀等活动，年接待游客超过50万人次，2018年村集体总收入超过33.3万元。

# 四、村级工程规范管理知识问答

## 1. 村级工程小微权力运行流程是怎样的？

村级工程小微权力运行流程如图 1 所示。

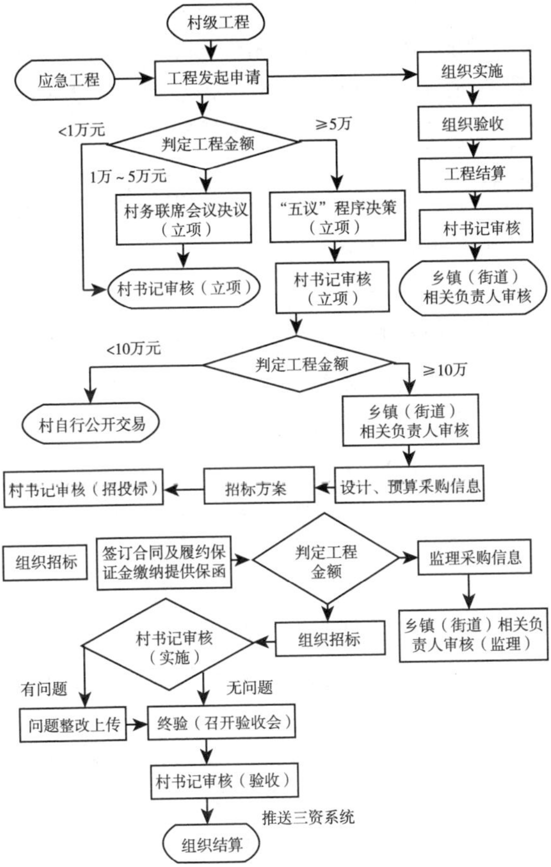


**图 1　村级工程小微权力运行流程**

## 2. 村干部能参与本村工程项目的投标、承包吗？

村党组织、村民委员会、村经济合作社以及村务监督委员会班子成员及其近亲属、近姻亲属不得参与或变相参与本村工程项目的投标、承包。

## 3. 村级工程项目建设立项需要注意哪些问题？

村级工程项目建设立项前要按照规定走村级民主决策程序［一定数额以上的投资项目，要将该项目建设的可行性、效益性、风险性、投资数额提交社员（代表）大会讨论，并形成决议］，履行报批手续，杜绝未批先建，并做好预算。

## 4. 村级工程项目建设招标需要注意哪些问题？

村集体工程建设项目招标应坚持公开、公平、公正的原则，按照有关规定执行招标程序，并签订书面工程建设合同。

招标分为公开招标和邀请招标。公开招标，是指招标人以招标公告的方式邀请不特定的法人或者其他组织投标；邀请招标，是指招标人以投标邀请书的方式邀请特定的法人或者其他组织投标。

招标人采用公开招标方式的，应当发布招标公告。依法必须进行招标项目的招标公告，应当通过国家指定的报刊、信息网络或者其他媒介发布。招标公告应当载明招标人的名称和地址、招标项目的性质、数量、实施地点和时间以及获取招标文件的办法等事项。

招标人采用邀请招标方式的，应当向 3 个以上具备承担招标项目的能力、资信良好的特定的法人或者其他组织发出投标邀请书。投标邀请书应当载明招标人的名称和地址、招标项目的性质、数量、实施地点和时间以及获取招标文件的办法等事项。

招标人设有标底的，标底必须保密。

不得将应招标的项目化整为零或者以其他任何方式规避招标。

## 5. 招投标文件的接收要注意什么?

投标人应当在招标文件要求提交投标文件的截止时间前，将投标文件送达投标地点。招标人收到投标文件后，应当签收保存，不得开启。投标人少于 3 个的，招标人应当依照《中华人民共和国招标投标法》重新招标。

在招标文件要求提交投标文件的截止时间后送达的投标文件，招标人应当拒收。

## 6. 中标人确定后应注意什么?

中标人确定后，招标人应当向中标人发出中标通知书，并同时将中标结果通知所有未中标的投标人。

中标通知书对招标人和中标人具有法律效力。中标通知书发出后，招标人改变中标结果的，或者中标人放弃中标项目的，应当依法承担法律责任。

招标人和中标人应当自中标通知书发出之日起 30 日内，按照招标文件和中标人的投标文件订立书面合同。招标人和中标人不得再行订立背离合同实质性内容的其他协议。

招标文件要求中标人提交履约保证金的，中标人应当提交。

依法必须进行招标的项目，招标人应当自确定中标人之日起 15 日内，向有关行政监督部门提交招标投标情况的书面报告。

## 7. 村级工程项目建设变更需要注意什么?

工程造价累计增加在预算价 10%（含）以内且金额在 10 万元（含）以下的经村务联席会议讨论同意后，向乡镇（街道）三资管理领导小组和“三资中心”报送相关材料。工程造价累计超预算价 10%或增加投资额超过 10 万元的原则上不予变更，确需变更的，经村务联席会议讨论后提出，经社员（代表）大会审议通过，并将相关材料报乡镇（街道）党政联席会议审核。涉及变更的工程，变更会议记录作为工程结算审核或送审审核材料之一。

## 8. 村级工程项目建设资金支付需要注意什么？

按合同条款规定支付项目工程款，款项支付一律实行转账，严禁现金支付。支出款项需附相关的合同、会议记录以及工程进度报告、工程验收单等相关资料，最终工程价款结算要以审定的工程造价或验收结算报告为准。严格控制项目工程款的预付，工程未验收前预付款最多不能超过工程合同款总额的三分之二。由于客观因素需要增加工程款的，按项目变更管理程序执行。否则，按照“谁同意谁负责”的原则承担相应责任。

## 9. 村级工程项目建设档案管理要注意什么？

建立工程项目建设资料收集归档制度。工程图纸、合同、验收资料、施工记录、会议记录、询价报告及审计报告等要整理归档，并由村或交乡镇（街道）“三资管理中心”负责保管。

## 10. 村级应急工程的一般流程是什么？

工程发起—实施—验收—结算—村书记审批—乡镇相关人员审批—推送三资系统。

# 五、农村乡村治理工作知识问答

## 1. 什么是乡村治理？

乡村治理是通过对村镇布局、生态环境、基础设施、公共服务等资源进行合理配置和生产，促进当地经济、社会的发展以及环境状况的改善。

## 2. 乡村治理中的“四治”融合治理模式是什么？

自治、法治、德治、智治。

## 3. “四治”融合中的自治是什么？

自治是指充分发挥农民群众的创造力，完善健全自治章程、村规民约，依托村民会议、村民议事会、乡贤参事会等让农民自己“说事、议事、主事”，农民的事让农民商量着办。发挥好村务监督委员会的作用，让农民对村级重要的事务全过程做好监督，做到心中有数。

## 4. “四治”融合中的法治是什么？

法治是把政府各项涉农工作纳入法治化轨道，加强农村法治宣传教育，完善农村法律服务，引导村两委班子成员、党员干部带头遵法、学法、守法、用法，广大村民遵守法律，依法表达诉求、解决纠纷、维护权益。积极依托农村社会矛盾纠纷多元化解机制，矛盾纠纷基本实现就地化解。

## 5. “四治”融合中的德治是什么？

德治是一种以道德规范和乡规民约等手段进行的乡村治理模式，依托乡村文明新风培育和群众文明素质提升，通过户容院貌看“习惯”、言谈举止看“修养”、致富兴业看“能力”、尊老爱幼看“美德”、律己守法看“品行”等评比活动，比出群众文明指数，让有德之人受人尊重、赢得荣誉，成为乡里乡亲学习的榜样。

## 6. “四治”融合中的智治是什么？

“智治”是一种新的治理方式，利用信息化手段发现问题、解决矛盾，高效服务于人民群众，即实现乡村治理的智能化、智慧化。例如，村级资产和资金实现信息化监管，基层便民服务体系实现线上线下贯通，利用现代信息技术实现“三务”公开等。

## 7. 什么是省级善治（示范）村？

浙江省为加快推进乡村治理“四治融合”，实施万村善治示范工程，计划用 5 年时间创建善治（示范）村 10 000个。打造一批党建引领坚强有力、村民自治充满活力、法治理念深入人心、德治教育春风化雨、智治形式有效多样、民生福祉不断提升的善治乡村。

## 8. 如何认定为省级善治村？

根据《浙江省善治示范村认定暂行办法》（浙乡振组办〔2020〕7 号）要求，按照《浙江省善治村申报评定表》计分，得分在 90 分以上的，由乡镇（街道）初评、县（市、区）审核、市核查、省评议认定公布。

## 9. 如何认定为省级善治示范村？

符合省级善治村条件的同时满足村集体经济年经营性收入达到

10万元以上、市级以上民主法治村、县（市、区）命名的文明村、县（市、区）命名的平安村，可申报认定为浙江省善治示范村。

## 10. 乡村治理积分制是什么？

乡村治理积分制是指对农民日常行为和参与乡村重要事务情况进行量化积分，并根据积分结果给予相应激励或约束的方式。

## 11. 乡村治理的重要意义？

乡村治理是国家治理体系的重要组成部分，是治理体系中最基本的治理单元。各项惠农利民政策依法得到落实，村民增收渠道多样，收入稳步增加。公共事务、公益事业健康发展，公共设施完善、维护及时，优抚安置、养老扶幼、扶贫助困、公共卫生、合作医疗、社会救助等得到落实。美丽乡村建设高水平推进，村庄面貌达到绿化、美化、亮化等要求，实现人与自然和谐共生。

## 12. 村规民约是什么？

村规民约是村民群众在村民自治的起始阶段，依据党的方针政策和国家法律法规，结合本村实际，为维护本村的社会秩序、社会公共道德、村风民俗、精神文明建设等方面制定的约束规范村民行为的一种规章制度。

## 13. 基层治理“四平台”是什么？

综治工作、市场监管、综合执法、便民服务等四个功能性平台。

## 14. 什么是清廉村居？

班子清廉、干部清正、村务清爽、民风清朗、干群亲清的花园乡村。

## 15. 农村领域小微权力是什么？

农村领域小微权力指村级组织及村干部依法依规享有的村级重大决策、重大活动、重大项目以及资金、资产、资源管理等村务管理服务权力。

## 16. 农村领域小微权力涉及哪几个方面？

村级重大决策事项、村级村务管理事项、村级“三资”管理事项、村级公共服务事项、阳光公开规定等。

## 17. 丽水市村级小微权力包括哪些？

村级劳务用工；村级资产资源处理；村级采购；村级工程；村级救助；印章管理；农村土地流转及流转资金补助；农民建房“一件事”；村集体资金入股、投资、出借；农村低保户申请、大额资金竞争性存放、村级非生产性支出管理等。

## 18. 如何培育清廉文化？

将清廉文化建设与花园乡村建设及村庄发展定位等有机融合，利用现有的LED显示屏、村庄广播、宣传栏、文化礼堂等设施开展常态化清廉文化宣传，在打造风景中营造浓厚氛围；量力而行，自建或参建与村庄规模、经济收入相适应的清廉文化窗、文化长廊或文化公园等文化阵地；定期开展群众文化活动，营造良好的崇廉、向廉、守廉氛围。

## 19. 村级三务公开指的是什么？

村级党务、村务、财务的监督力度进行公开，增强村级工作的公开度与透明度，落实广大群众的知情权。

## 20. 如何推进三务公开阳光化？

按月或按季度向本村村民规范公开村级重大事项信息；探索村级公益事业和集体经济项目谋划、立项、承包和招投标全过程公开机制，接受全程监督；探索针对高龄、文盲和外出群众的信息公开渠道，建立群众问题反馈机制。

# 六、农村集体土地承包知识问答

## 1. 承包地“三权分置”是什么？

农村承包土地所有权、承包权、经营权分置，简称为“三权分置”。村集体拥有土地的所有权，农户拥有土地承包经营权（承包权和经营权）。根据《关于完善农村土地所有权承包权经营权分置办法的实施意见》（2018 年 11 月）相关规定：

强化农村土地集体所有权。保障土地集体所有权人对集体土地依法享有占有、使用、收益和处分的权利。农村集体经济组织是土地集体所有权的权利主体，有权依法发包集体土地，任何组织和个人不得非法干预；有权因自然灾害、严重毁损等特殊情形依法调整承包地；有权对承包农户和经营主体使用承包地进行监督，并采取措施防止和纠正长期抛荒、毁损土地、非法改变土地用途等行为。

保护农户土地承包权各项权能。农村集体经济组织成员以户为单位对承包土地依法享有占有、使用和收益的权利。承包农户有权依法依规建设必要的农业生产、附属、配套设施，自主组织生产经营和处置产品并获得收益；有权通过转让、互换、出租（转包）、入股等符合有关法律和国家政策规定的方式流转承包地并获得收益，任何组织和个人不得强迫或者限制承包农户流转承包地；有权依法依规就承包土地经营权设定抵押、自愿有偿退出，具备条件的可以因保护承包地获得相关补贴。

平等保护经营主体土地经营权各项权能。在依法保护集体所有权和农户承包权的前提下，平等保护经营主体依流转合同取得的土地经营权，保障其有稳定的经营预期。在流转合同约定的期限内，土地经营权人对流转土地依法享有占有、耕作并取得相应收益的权利。在不违反流转合同约束条款的前提下，经营主体有权使用流转土地自主从事农业生产经营并获得相应收益。

## 2. 土地承包应遵循的原则是什么?

（1）按照规定统一组织承包时，本集体经济组织成员依法平等地行使承包土地的权利，也可以自愿放弃承包土地的权利；

（2）民主协商，公平合理；

（3）承包方案应当按照《中华人民共和国农村土地承包法》第十二条的规定，依法经本集体经济组织成员的村民会议三分之二以上成员或者三分之二以上村民代表的同意；

（4）承包程序合法。

## 3. 土地承包的期限是多长?

第二轮土地承包期为三十年，草地的承包期为三十年至五十年，林地的承包期为三十年至七十年。2018 年 12 月 29 日修改后的农村土地承包法规定：耕地承包期届满后再延长三十年，草地、林地承包期届满后依照前款规定相应延长。具体承包起止时间以当地规定为准。

## 4. 土地承包有哪些程序?

（1）本集体经济组织成员的村民会议选举产生承包工作小组；

（2）承包工作小组依照法律、法规的规定拟订并公布承包方案；

（3）依法召开本集体经济组织成员的村民会议，讨论通过承包方案；

（4）公开组织实施承包方案；

（5）签订承包合同。

## 5. 土地承包经营权调整的规定有哪些？

承包期内，发包方不得调整承包地。因自然灾害严重毁损承包地等特殊情形对个别农户之间承包的耕地和草地需要适当调整的，必须经本集体经济组织成员的村民会议三分之二以上成员或者三分之二以上村民代表的同意，并报乡（镇）人民政府和县级人民政府农业等行政主管部门批准。承包合同中约定不得调整的，按照其约定。

## 6. 土地承包经营权的保护规定有哪些？

承包期内，发包方不得收回承包地。国家保护进城农户的土地承包经营权。不得以退出土地承包经营权作为农户进城落户的条件。承包期内，承包农户进城落户的，引导支持其按照自愿有偿原则依法在本集体经济组织内转让土地承包经营权或者将承包地交回发包方，也可以鼓励其流转土地经营权。承包期内，承包方交回承包地或者发包方依法收回承包地时，承包方对其在承包地上投入而提高土地生产能力的，有权获得相应的补偿。以及法律法规规定的其他内容。

## 7. 土地承包对妇女的权益保护如何规定？

农村土地承包，妇女与男子享有平等的权利。承包中应当保护妇女的合法权益，任何组织和个人不得剥夺、侵害妇女应当享有的土地承包经营权。承包期内，妇女结婚，在新居住地未取得承包地的，发包方不得收回其原承包地；妇女离婚或者丧偶，仍在原居住地生活或者不在原居住地生活但在新居住地未取得承包地的，发包方不得收回其原承包地。

## 8. 什么是土地承包经营权的互换？

承包方之间为方便耕作或者各自需要，对属于同一集体经济合作社的承包地块进行交换，同时交换相应的土地承包经营权。

## 9. 什么是土地承包经营权的转让？

承包方有稳定的非农职业或者有稳定的收入来源，经承包方申请和发包方同意，将部分或全部土地承包经营权让渡给同一股份经济合作社的其他从事农业生产经营的农户，由其履行相应土地承包合同的权利和义务。转让后原土地承包关系自行终止，原承包方承包期内的土地承包经营权部分或全部灭失。

## 10. 可强制承包方进行土地流转吗？

承包方可以自主决定依法采取出租（转包）、入股或者其他方式向他人流转土地经营权，并向发包方备案。

## 11. 土地经营权流转的原则是什么？

（1）依法、自愿、有偿，任何组织和个人不得强迫或者阻碍土地经营权流转；

（2）不得改变土地所有权的性质和土地的农业用途，不得破坏农业综合生产能力和农业生态环境；

（3）流转期限不得超过承包期的剩余期限；

（4）受让方须有农业经营能力或者资质；

（5）在同等条件下，本集体经济组织成员享有优先权。

## 12. 土地流转经营权证登记办理流程是什么？

①申请；②复核；③确认；④签订合同；⑤支付租金；⑥农业生产；⑦签订承诺书；⑧验收申请；⑨资料受理；⑩组织验收；⑪材料公示；⑫材料报送。

## 13. 办理土地流转经营权证需要哪些材料？

（1）申请人的身份证明；

（2）农村土地流转经营权证登记申请审批表；

（3）农村土地承包经营权流转合同；

（4）承包农户委托村级或其他服务组织流转的，需提交委托流转协议；

（5）土地流转费支付凭证；

（6）采取转让方式流转土地的，需提交发包方同意转让和有关公示的证明材料；

（7）登记机关认为必要的其他材料。

## 14. 土地流转经营权的抵押担保流程是什么？

农村土地承包法第四十七条规定，承包方可以用承包地的土地经营权向金融机构融资担保，并向发包方备案。受让方通过流转取得的土地经营权，经承包方书面同意并向发包方备案，可以向金融机构融资担保。担保物权自融资担保合同生效时设立。当事人可以向登记机构申请登记；未经登记，不得对抗善意第三人。实现担保物权时，担保物权人有权就土地经营权优先受偿。土地经营权融资担保办法由国务院有关部门规定。

## 15. 家庭成员在土地确权过程中如何登记？

承包户家庭成员发生变化的。承包户家庭成员按二轮承包时的实有成员登记，已故、外迁人员在登记簿中注明，新增人员予以记载，并在登记簿中予以注明。农户因离异或子女成家等原因分户，承包地未分割的，按原承包关系登记；承包地分割的，可凭分户协议书等相关材料和村集体经济组织分别签订承包合同，并办理土地承包经营权证变更登记。离婚夫妻一方户籍已迁出本集体经济组织，迁入地没有落实承包地的，仍按原承包关系确权登记，保留迁出方的份额，并在登记簿中注明。

# 七、农村宅基地管理知识问答

## 1. 什么是农村宅基地？

《中央农村工作领导小组办公室　农业农村部关于进一步加强农村宅基地管理的通知》（中农发〔2019〕11号）规定，农村宅基地是农村村民用于建造住宅及其附属设施的集体建设用地，包括住房、附属用房和庭院等用地。

## 2. 农村宅基地归谁所有？

农村宅基地归本集体成员集体所有。

《中华人民共和国宪法》第十条规定，农村和城市郊区的土地，除由法律规定属于国家所有的以外，属于集体所有；宅基地和自留地、自留山，也属于集体所有。

《中华人民共和国物权法》（以下简称物权法）第五十九条规定，农村集体所有的不动产和动产，属于本集体成员集体所有。

## 3. 什么是“一户一宅”？

《中华人民共和国土地管理法》（以下简称《土地管理法》）第六十二条规定，农村村民一户只能拥有一处宅基地，其宅基地的面积不得超过省、自治区、直辖市规定的标准。人均土地少、不能保障一户拥有一处宅基地的地区，县级人民政府在充分尊重农村村民意愿的基础上，可以采取措施，按照省、自治区、直辖市规定的标准保障农村村民实现户有所居。

## 4. 农房与商品房的区别是什么？

农房是农村中供村民居住的房屋，与商品房的区别主要有：

一是土地性质不同：农房建设占用集体所有土地，商品房则占用国有建设用地。

二是取得方式不同：农房只允许符合条件的农村集体经济组织成员申请取得宅基地进行建设，商品房是由具有房地产开发资质的企业取得国有建设用地开发建设。

三是土地使用年限不同：现行法律和政策没有具体规定农村宅基地使用权期限；商品房用地的土地使用年限一般是70年，土地使用权期间届满的，自动续期。

四是交易条件不同：农房只能在本村集体经济组织内部经批准后交易给符合宅基地分配资格的成员，不得抵押；商品房可以在市场上出售、租赁和抵押，交易自由。

## 5. 宅基地的“三权分置”指什么？

农村宅基地分为所有权、资格权、使用权，简称为“三权分置”。村集体拥有宅基地的所有权，农户拥有分配宅基地的资格权和使用权。2018年中央一号文件《中共中央国务院关于实施乡村振兴战略的意见》提出，探索宅基地所有权、资格权、使用权“三权分置”，落实宅基地集体所有权，保障宅基地农户资格权和农民房屋财权，适度放活宅基地和农民房屋使用权。

2020年中央一号文件要求“以探索宅基地所有权、资格权、使用权‘三权分置’为重点，进一步深化农村宅基地制度改革试点。”

## 6. 农村村民在什么情况下可以申请宅基地？

据《土地管理法》，结合各省（区、市）宅基地管理的有关规定，农村村民有下列情况之一的，可以以户为单位申请宅基地：

（1）无宅基地的；

（2）因子女结婚等原因确需分户而现有的宅基地低于分户标准的；

（3）现住房影响乡（镇）村建设规划，需要搬迁重建的；

（4）符合政策规定迁入村集体组织落户为正式成员且在原籍没有宅基地的；

（5）因自然灾害损毁或避让地质灾害搬迁的。

各省（区、市）对农户申请宅基地条件有其他规定的，应同时满足其他条件要求。

## 7. 宅基地审批主体是谁？

《土地管理法》第六十二条规定：农村村民住宅用地，由乡（镇）人民政府审核批准；其中，涉及占用农用地的，依照本法第四十四条的规定办理审批手续。第四十四条规定，建设占用土地，涉及农用地转为建设用地的，应当办理农用地转用审批手续。

为完善农村宅基地审核批准机制，《农业农村部　自然资源部关于规范农村宅基地审批管理的通知》（农经发〔2019〕6号）明确，乡镇政府要探索建立一个窗口对外受理、多部门内部联动运行的农村宅基地用地建房联审联办制度，方便农民群众办事。根据农业农村、自然资源等部门联审结果，由乡镇政府对农民宅基地申请进行审批，出具《农村宅基地批准书》，鼓励地方将乡村建设规划许可证由乡镇一并发放，并以适当方式公开。

## 8. 农村宅基地申请审批程序是什么？

农村宅基地分配实行农户申请、村组审核、乡镇审批。按照《农业农村部　自然资源部关于规范农村宅基地审批管理的通知》（农经发〔2019〕6号），宅基地申请审批流程包括农户申请、村民小组会讨论通过并公示、村级组织开展材料审核、乡镇部门审查、乡镇政府审批、发放宅基地批准书等环节。具体流程如图2所示。没有分设村民小组或宅基地和建房申请等事项已统一由村级组织办理的，农户直接向村级组织提出申请，经村民代表会议讨论通过并在本集体经济组织范围内公示后，报送乡镇政府批准。

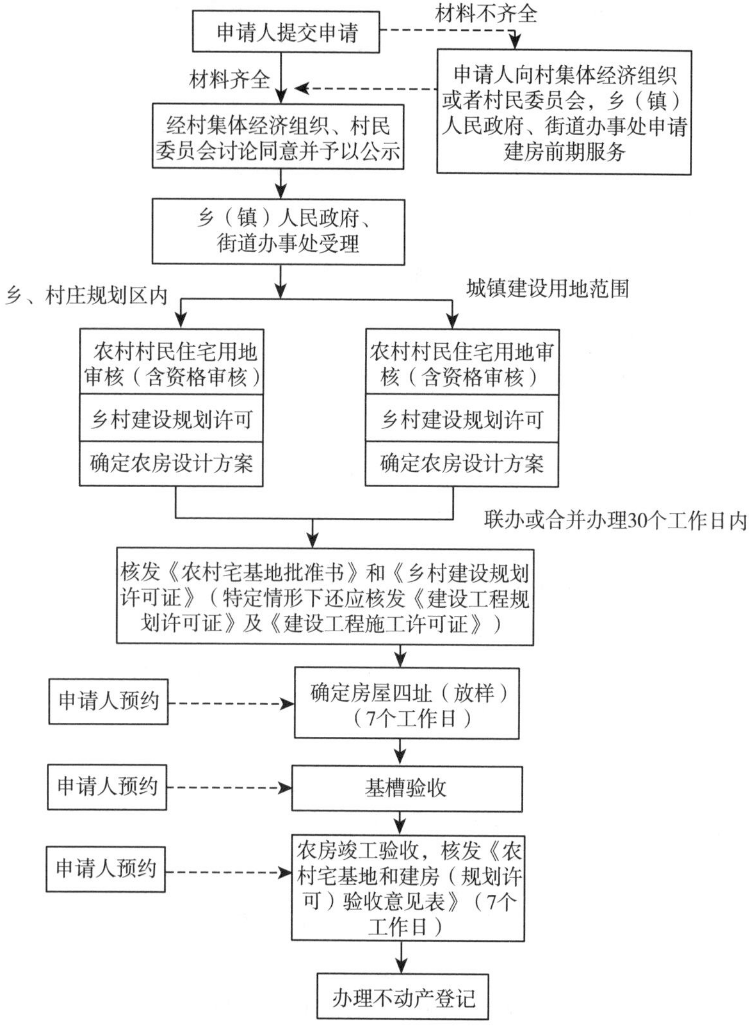


**图 2　农民建房“一件事”流程**

## 9. 农民转让宅基地后，是否可以再申请宅基地？

按照《土地管理法》第六十二条规定，农村村民出卖、出租、赠与住宅后，再申请宅基地的，不予批准。

## 10. 进城落户的农民能否继续保留宅基地使用权？

进城落户的农民可以依法保留其原来合法取得的宅基地使用权。

按《中共中央国务院关于坚持农业农村优先发展做好“三农”工作的若干意见》（中发〔2019〕1号）“坚持保障农民土地权益、不得以退出承包地和宅基地作为农民进城落户条件”规定精神，不能强迫进城落户农民放弃其合法取得的宅基地使用权。在此之前，《国土资源部关于进一步加快宅基地和集体建设用地确权登记发证有关问题的通知》（国土资发〔2016〕191号）规定，“农民进城落户后，其原合法取得的宅基地使用权应予以确权登记。”

## 11. 农村宅基地和农房能否继承？

农村宅基地不能继承，农房可以依法继承。

农村宅基地所有权、宅基地使用权和房屋所有权相分离，宅基地所有权属于农民集体，宅基地使用权和房屋所有权属于农户。宅基地使用权人以户为单位，依法享有占有和使用宅基地的权利。在户内有成员死亡而农户存续的情况下，不发生宅基地继承问题。农户消亡时，权利主体不再存在，宅基地使用权灭失。同时，根据继承法的有关规定，被继承人的房屋作为其遗产由继承人继承。因房地无法分离，继承人继承房屋取得房屋所有权后，可以依法使用宅基地，但并不取得用益物权性质的宅基地使用权。

## 12. 什么是“房地一体”不动产权证？

“房地一体”不动产权证是物权权利归属的凭证。根据《不动产登记暂行条例》《不动产登记暂行条例实施细则》《不动产登记操作规范（试行)》等的规定，将农村宅基地、集体建设用地及其上的建筑物、构筑物实行统一权籍调查和确权登记后，统一颁发“房地一体”的不动产权证书。

## 13. 办理“房地一体”不动产权证需要提交哪些材料？

申请宅基地使用权及房屋所有权首次登记的，应当根据不同情况，提交下列材料：①申请人身份证和户口簿；②不动产权属证书或者有批准权的人民政府批准用地的文件等权属来源材料；③房屋符合规划或者建设的相关材料；④权籍调查表、宗地图、房屋平面图以及宗地界址点坐标等有关不动产界址、面积等材料；⑤其他必要材料。

因依法继承、分家析产、集体经济组织内部互换房屋等导致宅基地使用权及房屋所有权发生转移而申请登记的，申请人应当根据不同情况，提交下列材料：①不动产权属证书或者其他权属来源材料；②依法继承的材料；③分家析产的协议或者材料；④集体经济组织内部互换房屋的协议；⑤其他必要材料。

## 14. 闲置宅基地和闲置住宅盘活利用的主要方式有哪些？

闲置宅基地盘活利用要统筹考虑区位条件、资源禀赋、环境容量、产业基础和历史文化传承等因素，选择适合本地实际的农村闲置宅基地和闲置住宅盘活利用模式。根据《农业农村部关于积极稳妥开展农村闲置宅基地和闲置住宅盘活利用工作的通知》（农经发〔2019〕4号)，盘活利用主要有以下方式：

一是利用闲置住宅发展符合乡村特点的休闲农业、乡村旅游、餐饮民宿、文化体验、创意办公、电子商务等新产业新业态。

二是利用闲置住宅发展农产品冷链、初加工、仓储等一二三产业融合发展项目。

三是采取整理、复垦、复绿等方式，开展农村闲置宅基地整治，依法依规利用城乡建设用地增减挂钩、集体经营性建设用地入市等政策，为农民建房、乡村建设和产业发展等提供土地等要素保障。

## 15. 闲置宅基地和闲置住宅盘活利用的主体有哪些？

《农业农村部关于积极稳妥开展农村闲置宅基地和闲置住宅盘活利用工作的通知》（农经发〔2019〕4号）提出，依法保护各类主体的合法权益，推动形成多方参与、合作共赢的良好局面。盘活利用的主体主要包括以下三类：

一是农村集体经济组织及其成员。在充分保障农民宅基地合法权益的前提下，支持农村集体经济组织及其成员采取自营、出租、入股、合作等多种方式盘活利用农村闲置宅基地和闲置住宅。鼓励有一定经济实力的农村集体经济组织对闲置宅基地和闲置住宅进行统一盘活利用。

二是返乡人员。支持返乡人员依托自有和闲置住宅发展适合的乡村产业项目。《国务院办公厅关于支持返乡下乡人员创业创新促进农村一二三产业融合发展的意见》（国办发〔2016〕84号）提出“支持返乡下乡人员依托自有和闲置农房院落发展农家乐。在符合农村宅基地管理规定和相关规划的前提下，允许返乡下乡人员和农民合作改建自住房。”

三是社会企业。引导有实力、有意愿、有责任的企业有序参与闲置宅基地和闲置住宅盘活利用工作。

## 16. 鼓励闲置宅基地盘活利用的支持政策有哪些？

一是资金奖励和补助。统筹安排相关资金，用于农村闲置宅基地和闲置住宅盘活利用奖励、补助等。

二是金融创新支持盘活利用项目。条件成熟时，发行地方政府专项债券支持农村闲置宅基地和闲置住宅盘活利用项目。推动金融信贷产品和服务创新，为农村闲置宅基地和闲置住宅盘活利用提供支持。

三是资源项目社会推介。结合乡村旅游大会、农业嘉年华、农博会等活动，向社会推介农村闲置宅基地和闲置住宅资源。

## 17. 发展民宿利用农民农宅（房）有什么规定？

根据2019年文化和旅游部出台的《旅游民宿基本要求与评价》（LB/T 065—2019），旅游民宿是指利用当地民居等相关闲置资源，经营用客房不超过4层、建筑面积不超过800平方米，主人参与接待，为旅客提供体验当地自然、文化与生产生活方式的小型住宿设施，分为城镇民宿和乡村民宿。旅游民宿的经营场地应符合本市县国土空间总体规划（包括现行城镇总体规划、土地利用规划）、所在地民宿发展有关规划。经营民宿应符合治安、消防、卫生、环境保护、安全等有关规定与要求，取得当地政府要求的相关证照。一些地方如北京、上海、海南等，因地制宜出台政策文件，对利用农房发展民宿作了具体规定，促进乡村民宿持续健康发展。

《中央农村工作领导小组办公室　农业农村部关于进一步加强农村宅基地管理的通知》（中农发〔2019〕11号）规定，鼓励村集体和农民盘活利用闲置宅基地和闲置住宅，通过自主经营、合作经营、委托经营等方式，依法依规发展农家乐、民宿、乡村旅游等。城镇居民、工商资本等租赁农房居住或开展经营的，要严格遵守合同法的规定，租赁合同的期限不得超过二十年。合同到期后，双方可以另行约定。

## 18. 农村宅基地和农民住房可以抵押吗？

除全国人大常委会授权开展农民住房财产权抵押贷款试点的地区外，其他地方农村宅基地和农房不能抵押。

《物权法》第一百八十四条规定，耕地、宅基地、自留地、自留山等集体所有的土地使用权不得抵押，但法律规定可以抵押的除外。担保法第三十七条规定，耕地、宅基地、自留地、自留山等集体所有的土地使用权不能抵押。

同时，《物权法》第一百八十二条规定，以建筑物抵押的，该建筑物占用范围内的建设用地使用权一并抵押。以建设用地使用权抵押的，该土地上的建筑物一并抵押。即我国实行“房地一体”原则，因宅基地使用权不得抵押，造成其上农房事实上也不能抵押。

## 19. 宅基地使用权流转的方式有哪些?

宅基地使用权流转方式包括转让和出租。

## 20. 农村宅基地使用权转让必须满足什么条件?

宅基地使用权转让须在征得宅基地所有权人同意的前提下，在村集体经济组织内部进行，且受让人须为符合宅基地申请条件的农村村民。各省（自治区、直辖市）对宅基地转让做出其他条件要求的，须同时满足规定要求。

## 21. 城镇居民能否在农村购买宅基地?

不能。

《国务院关于深化改革严格土地管理的决定（国发〔2004〕28号）明确规定，禁止城镇居民在农村购置宅基地。《中央农村工作领导小组办公室　农业农村部关于进一步加强农村宅基地管理的通知》(中农发〔2019〕11号）要求，“宅基地是农村村民的基本居住保障，严禁城镇居民到农村购买宅基地，严禁下乡利用农村宅基地建设别墅大院和私人会馆。严禁借流转之名违法违规圈占、买卖宅基地。”

## 22. 农房出租的最长年限是多少?

《中华人民共和国民法典》租赁合同第二百一十零四条规定：

租赁期限不得超过二十年。

超过二十年的，超过部分无效。租赁期间届满，当事人可以续订租赁合同，但约定的租赁期限自续订之日起不得超过二十年。

《中央农村工作领导小组办公室　农业农村部关于进一步加强农村宅基地管理的通知》（中农发〔2019〕11号）规定，城镇居民、工商资本等租赁农房居住或开展经营的，要严格遵守合同法的规定，租赁合同的期限不得超过二十年。合同到期后，双方可以另行约定。

## 23. 村集体在什么情况下可以收回农民宅基地？

根据《土地管理法》第六十六条和《确定土地所有权和使用权的若干规定》，有下列情形之一的，村集体报经原批准用地的人民政府批准，可以收回宅基地使用权：

（1）乡（镇）村公共设施和公益事业建设需要使用土地的，集体收回宅地基使用权，并对宅基地使用权人给予适当补偿。

（2）不按照批准的用途使用宅基地的。

（3）因撤销、迁移等原因而停止使用宅基地的。

（4）空闲或房屋坍塌、拆除两年以上未恢复使用的宅基地，不再确定土地使用权。已经确定使用权的，由集体报经县级人民政府批准，注销其土地登记，集体收回宅基地使用权。

（5）非农业户口居民（含华侨）原在农村的宅基地，房屋产权没有变化的，可依法确定其集体建设用地使用权。房屋拆除后没有批准重建的，集体收回宅基地使用权。

（6）在确定农村居民宅基地使用权时，其面积超过当地政府规定标准的，可在土地登记卡和权证内注明超过标准面积的数量。以后分户建房或现有房屋拆迁、改建、翻建或政府依法实施规划重新建设时，按当地政府规定的面积标准重新确定使用权，其超过部分由集体收回使用权。

（7）地方政府规定的其他情形。

## 24. 村宅基地自愿有偿退出有哪些规定？

《中华人民共和国土地管理法》第六十二条规定：国家允许进城落户的农村村民依法自愿有偿退出宅基地，鼓励农村集体经济组织及其成员盘活利用闲置宅基地和闲置住宅。

《中央农村工作领导小组办公室　农业农村部关于进一步加强农村宅基地管理的通知》（中农发〔2019〕11 号）规定：对进城落户的农村村民，各地可以多渠道筹集资金，探索通过多种方式鼓励其自愿有偿退出宅基地。

## 25. 农民退出宅基地的程序是什么？

在宅基地制度改革试点探索中，农民退出宅基地主要包括以下步骤：农户提交书面申请—村审核—专业机构评估价值—农户与村集体签订协议—农户获得补偿—县级主管部门变更登记。

## 26. 农民自愿退出宅基地后还可以再申请吗？

从宅基地制度改革试点探索的情况看，部分试点地区区分宅基地退出情况，确定能否继续申请的方式，主要包括以下情形：

一是完全退出。自愿有偿退出合法占用宅基地，且不再保留宅基地使用权申请资格的，不能再申请。该情形下，农户一般能获得完整补偿。

二是部分退出。退出合法占有的宅基地但继续保留宅基地使用权申请资格的，在约定期限内如有需要可以再申请。该情形下，农户可获得的退出补偿较少。

三是违法占用宅基地退出。对农民违法违规超占、多占的宅基地，各地一般采用无偿退出方式，退出后不能再申请。

## 27. 农村宅基地征收如何补偿？

对宅基地征收，《物权法》《土地管理法》都有了明确规定。

《物权法》第四十二条规定：为了公共利益的需要，征收集体所有的土地，应当依法足额支付土地补偿费、安置补助费、地上附着物和青苗的补偿费等费用，安排被征地农民的社会保障费用，保障被征地农民的生活，维护被征地农民的合法权益。征收单位、个人的房屋及其他不动产，应当依法给予拆迁补偿，维护被征收人的合法权益；征收个人住宅的，还应当保障被征收人的居住条件。

《土地管理法》第四十八条第四款规定：征收农用地以外的其他土地、地上附着物和青苗等的补偿标准，由省、自治区、直辖市制定。对其中的农村村民住宅，应当按照先补偿后搬迁、居住条件有改善的原则，尊重农村村民意愿，采取重新安排宅基地建房、提供安置房或者货币补偿等方式给予公平、合理的补偿，并对因征收造成的搬迁、临时安置等费用予以补偿，保障农村村民居住的权利和合法的住房财产权益。

## 28. 农村宅基地审批监管“三到场”指什么？

根据《农业农村部　自然资源部关于规范农村宅基地审批管理的通知》（农经发〔2019〕6 号）文件，农村宅基地审批监管“三到场”是指宅基地申请审查到场、开工前丈量批放到场和建成后核查验收到场。

宅基地申请审查到场：收到宅基地和建房（规划许可）申请后，乡镇政府要及时组织农业农村、自然资源部门实地审查申请人是否符合条件、拟用地是否符合规划和地类等。

开工前丈量批放到场：经批准用地建房的农户，应当在开工前向乡镇政府或授权的牵头部门申请划定宅基地用地范围，乡镇政府及时组织农业农村、自然资源等部门到现场进行开工查验，实地丈量批放宅基地，确定建房位置。

建成后核查验收到场：农户建房完工后，乡镇政府组织相关部门进行验收，实地检查农户是否按照批准面积、四至等要求使用宅基地，是否按照批准面积和规划要求建设住房，并出具《农村宅基地和建房（规划许可）验收意见表》。

## 29. 村级组织在宅基地日常管理中应发挥什么作用？

农村宅基地归农民集体所有，集体经济组织或村委会行使农村宅基地所有权。村级组织在乡镇政府的指导下，要健全完善本村宅基地民主管理办法，探索设立村级宅基地协管员，依法管好用好宅基地。在申请审批过程中，负责初步审核并全程参与落实“三到场”要求，重点参与乡镇政府组织的现场开工查验，实地丈量批放宅基地，确定建房位置；农户建房完工后，参与乡镇政府组织的验收环节，实地检查农户是否按照批准面积、四至等要求使用宅基地，是否按照批准面积和规划要求建设住房。加强农村宅基地日常巡查，及时发现和制止涉及宅基地的各类违法违规行为，并将不听劝阻、拒不改正的情况及时向上级报告。

## 30. 农民非法占地建房应承担什么法律责任？

我国实行最严格的耕地保护制度和节约用地制度，坚持土地用途管制，严禁超标准占用宅基地。对违法违规占地建房行为，《土地管理法》《城乡规划法》明确了相应的法律责任。

《土地管理法》第七十五条规定：违反本法规定，占用耕地建窑、建坟或者擅自在耕地上建房、挖砂、采石、采矿、取土等，破坏种植条件的，或者因开发土地造成土地荒漠化、盐渍化的，由县级以上人民政府自然资源主管部门、农业农村主管部门等按照职责责令限期改正或者治理，可以并处罚款；构成犯罪的，依法追究刑事责任。

《土地管理法》第七十七条规定：未经批准或者采取欺骗手段骗取批准，非法占用土地的，由县级以上人民政府自然资源主管部门责令退还非法占用的土地，对违反土地利用总体规划擅自将农用地改为建设用地的，限期拆除在非法占用的土地上新建的建筑物和其他设施，恢复土地原状，对符合土地利用总体规划的，没收在非法占用的土地上新建的建筑物和其他设施，可以并处罚款；对非法占用土地单位的直接负责的主管人员和其他直接责任人员，依法给予处分；构成犯罪的，依法追究刑事责任。超过批准的数量占用土地，多占的土地以非法占用土地论处。

《土地管理法》第七十八条规定：农村村民未经批准或者采取欺骗手段骗取批准，非法占用土地建住宅的，由县级以上人民政府农业农村主管部门责令退还非法占用的土地，限期拆除在非法占用的土地上新建的房屋。超过省、自治区、直辖市规定的标准，多占的土地以非法占用土地论处。

《城乡规划法》第六十五条规定：在乡、村庄规划区内未依法取得乡村建设规划许可证或者未按照乡村建设规划许可证的规定进行建设的，由乡、镇人民政府责令停止建设、限期改正；逾期不改正的，可以拆除。

## 31. 查处农村宅基地违法行为的执法程序是什么？

宅基地违法用地行为行政执法中，县级以上农业农村主管部门依据《土地管理法》第六十七、六十八条，首先是责令停止违法行为，履行监督检查权；第二是责令限期拆除，作出责令限期拆除的行政处罚决定。如果违法行为继续，按第八十三条处理。

《土地管理法》第八十三条“依照本法规定，责令限期拆除在非法占用的土地上新建的建筑物和其他设施的，建设单位或者个人必须立即停止施工，自行拆除；对继续施工的，作出处罚决定的机关有权制止。建设单位或者个人对责令限期拆除的行政处罚决定不服的，可以在接到责令限期拆除决定之日起十五日内，向人民法院起诉；期满不起诉又不自行拆除的，由作出处罚决定的机关依法申请人民法院强制执行，费用由违法者承担”。

按照中央深化行政执法体制改革精神和中共中央办公厅、国务院办公厅《关于推进基层整合审批服务执法力量的实施意见》（中办发〔2019〕5号）要求，各地可探索按照法定程序和要求逐步将农村宅基地执法权赋予乡镇人民政府实施。

## 32. 农村宅基地纠纷有哪些化解途径?

《土地管理法》第十四条规定，土地所有权和使用权争议，由当事人协商解决；协商不成的，由人民政府处理。

单位之间的争议，由县级以上人民政府处理；个人之间、个人与单位之间的争议，由乡级人民政府或者县级以上人民政府处理。

当事人对有关人民政府的处理决定不服的，可以自接到处理决定通知之日起三十日内，向人民法院起诉。

在土地所有权和使用权争议解决前，任何一方不得改变土地利用现状。

宅基地纠纷还可通过人民调解解决。人民调解是指在调解委员会（包括城市的居民委员会和农村的村民委员会）的主持下，以国家的法律、法规规章、政策和社会公德为依据，对民间纠纷当事人进行说服教育、规劝疏导，促进纠纷当事人互相谅解，平等协商，从而自愿达成协议，消除纷争的一种群众自治活动。人民调解是现行调解制度的一个重要组成部分，是我国法制建设的一项独特制度。

# 八、新型农村经营主体知识问答

## 1. 什么是新型农业经营主体？

新型农业经营主体是相对于传统农业经营主体（经营几亩地的小农户）而言的，其经营规模较大，收入水平更高，规模化、集约化、专业化、市场化和社会化程度更高。

## 2. 新型农业经营主体主要包括哪些类型？

新型农业经营主体主要包括专业大户、家庭农场、农民专业合作社、农业产业化龙头企业、农业社会化服务组织。

## 3. 什么是专业大户？

专业大户就是主要从事某种单一的农产品的初级生产为主，其规模要大于分散经营农户的生产规模，而且专业程度较高。区分其与一般农户的标准，主要有两个维度，即规模和专业化。

## 4. 专业大户的主要特征是什么？

专业大户的主要特点就是所生产的农产品较为单一，参与市场流通比较被动，生产效率和普通农户相比有所提高。

## 5. 什么是家庭农场？

家庭农场是以家庭成员为主要劳动力，以家庭为基本经营单元，以农业及其衍生产业为主要收入来源，进行集约化、标准化、专业化适度规模生产经营的新型农业经营主体。家庭农场是现代农业的主要生产经营方式。(浙江省农业和农村工作领导小组办公室等11部门关于推进家庭农场高质量发展的意见)

## 6. 家庭农场的主要特征是什么?

家庭农场具有农民职业化、生产标准化、经营规模化、产业商品化、主体多元化等特征。

## 7. 示范性家庭农场如何评选?

目前，浙江省的示范性家庭农场主要分为省级示范性家庭农场、市级引领性家庭农场、县级示范性家庭农场三类。

(1) 省级示范性家庭农场。省级示范性家庭农场创建按照《浙江省省级示范性家庭农场创建办法》执行。

申报对象：市级示范性家庭农场满一年或县级示范性家庭农场满两年、专业从事农业生产三年以上。

(2) 市级引领性家庭农场。市级引领性家庭农场评定按照《丽水市引领性家庭农场（示范性青创农场）评选实施细则（试行)》执行。

申报对象：全市范围内的家庭农场，经市场监管部门注册登记、纳入部、省家庭农场名录管理，对不符合耕地农业用途管制的农业生产经营活动，原则上不予安排评选。

(3) 县级示范性家庭农场。县级示范性家庭农场评定按照各地县级示范性家庭农场评定有关办法执行。

## 8. 什么是农民专业合作社?

农民专业合作社是在农村家庭承包经营基础上，农产品的生产经营者或者农业生产经营服务的提供者、利用者，自愿联合、民主管理的互助性经济组织。

## 9. 农民专业合作社的主要服务对象是谁？

农民专业合作社的主要服务对象是合作社成员。

## 10. 农民专业合作社的主要业务有哪些？

（1）农业生产资料的购买、使用。

（2）农产品的生产、销售、加工、运输、贮藏及其他相关服务。

（3）农村民间工艺及制品、休闲农业和乡村旅游资源的开发经营等。

（4）与农业生产经营有关的技术、信息、设施建设运营等服务。

## 11. 农民专业合作社应当遵循什么原则？

（1）成员以农民为主体。

（2）以服务成员为宗旨，谋求全体成员的共同利益。

（3）入社自愿、退社自由。

（4）成员地位平等，实行民主管理。

（5）盈余主要按照成员与农民专业合作社的交易量（额）比例返还。

## 12. 示范性农民专业合作社如何评选？

示范性农民专业合作社主要分为：国家级示范性农民专业合作社；省级示范性农民专业合作社；市级示范性农民专业合作社；县级示范性农民专业合作社。

（1）国家级示范性农民专业合作社。国家级示范性农民专业合作社评定按照《国家农民合作社示范社评定及监测办法》（农经发〔2019〕5号）执行。

申报对象：申报国家示范社的农民合作社应当遵守法律法规，

原则上应是省级示范社。

（2）省级示范性农民专业合作社。省级示范性农民专业合作社评定按照《浙江省示范性农民专业合作社评定及监测办法》执行。

申报对象：省示范性农民专业合作社依照《中华人民共和国农民专业合作社法》登记设立，通过市示范性农民专业合作社评定。

（3）市级示范性农民专业合作社。市级示范性农民专业合作社评定按照《丽水市示范性农民专业合作社评定及监测办法》执行。

申报对象：依照《中华人民共和国农民专业合作社法》登记设立，通过县示范性农民专业合作社评定的合作社。

（4）县级示范性农民专业合作社。县级示范性农民专业合作社评定按照各县相关规定执行。

## 13. 什么是农业产业化龙头企业？

农业产业化龙头企业是指以农产品加工或流通为主，通过各种利益联结机制与农户相联系，带动农户进入市场，使农产品生产、加工、销售有机结合、相互促进，在规模和经营指标上达到规定标准并经政府有关部门认定的企业。

## 14. 农业产业化龙头企业的主要特征是什么？

当前中国农业产业化龙头企业已成为农业产业化经营的“火车头”，具有社会责任突出、地区差异化发展等特点。

## 15. 示范性农业产业化龙头企业主要分几种？

示范性农业产业化龙头企业包括：农业产业化国家重点龙头企业；省级骨干农业龙头企业；市级重点龙头企业；县级重点龙头企业。

（1）农业产业化国家重点龙头企业。农业产业化国家重点龙头企业认定按照《农业产业化国家重点龙头企业认定和运行监测管理办法》执行。

（2）省级骨干农业龙头企业。省级骨干农业龙头企业认定按照《浙江省省级骨干农业龙头企业认定和运行监测管理办法》执行。

（3）市级重点龙头企业. 市级重点龙头企业申报标准：

1）农产品生产、加工、流通企业

①企业规模。要求是各行业的行业龙头，企业总资产规模500万元以上，固定资产规模300万元以上，年销售收入1 500万元以上。以上数据要求出具经县（市、区）统计局确认的有关证明材料。

②企业带动能力。企业通过建立可靠、稳定的利益联结机制带动农户1 000户以上，联结基地种植业500亩以上，畜牧业牛、羊、猪1 000头以上，禽类1万只以上，水产业300亩以上。企业从事农产品加工、流通过程中，通过订立合同、利润返还、入股分红等方式采购的原料或购进的货物所占需原料量或所销售货物量的50%以上。

③企业类型。依法设定的以农产品生产、加工或流通为主，具有独立法人资格的企业。包括国有、集体、私营、中外合资、中外合作、外商独资等企业。

④企业效益。企业的总资产报酬率高于同期银行贷款利率，企业资产负债率小于60%，主营产品产销率达到90%以上。

⑤企业信用。企业不生产销售假冒伪劣产品，不违法经营，银行信用等级在A级以上（含A级）。

⑥企业竞争能力。在同行业中企业的产品质量、产品科技含量、新产品开发能力居领先水平，主营产品符合国家产业政策、环保政策和质量管理标准体系。

⑦已开展县（市、区）级重点龙头企业认定工作的地方，必

须是县（市、区）级重点农业龙头企业。

⑧目前企业规模虽不是很大，但所开发和生产的产品属创新技术。

2）农副产品批发市场

①行业龙头。市场占地、设施、资产、交易规模以及带动农户能力在当地同类市场中属前列。市场主营产品与地方主导产业关联度大，带动示范、集散辐射作用明显。

②资产规模。资产总值一般在500万元以上，固定资产在300万元以上。

③交易规模。市场中农产品交易占总交易量的80%以上。年交易额蔬菜、粮油、果品等一般要求3 000万元以上，综合型批发市场一般在5 000万元以上。

④带动能力。市场对带动地方主导产业形成和发展的作用比较明显。市场联结基地一般在5 000亩以上，带动农户在3 000户以上。

⑤产权清晰。具有独立法人资格并经工商行政管理部门登记开办的农副产品批发市场。

⑥服务功能。市场基础设施较好，配套设施齐全，市场信息收集、整理、发布等服务工作及时规范，能及时为农户和经营户提供市场信息，对引导当地农业结构调整作用明显。市场交易秩序良好，内部管理制度健全，管理和运作比较规范，没有欺行霸市、强买强卖等不法现象。

⑦经济效益。企业资产负债率一般应低于60%，市场的总资产报酬率应高于同期银行贷款利率；市场应不欠税、不欠工资、不欠社会保险金、不欠折旧、不亏损，没有债务纠纷。

（4）县级重点龙头企业。县级重点龙头企业申报标准参照各县文件执行。

## 16. 什么是农业社会化服务组织?

农业社会化服务组织指农业生产过程中，为农业产前产中产后各环节提供市场化、专业化、标准化服务的经济组织。包括农业龙头企业、农民专业合作社、专业服务公司等各类经营性服务组织，不包括公益性服务组织。

## 17. 发展农业社会化服务的意义是什么?

（1）是实现中国特色农业现代化的必然选择；
（2）是保障国家粮食安全和重要农产品有效供给的重要举措；
（3）是促进农业高质量发展的有效形式。

## 18. 市级示范性农业社会化服务组织如何评选?

市级示范性农业社会化服务组织评定按照《丽水市示范性农业社会化服务组织评选实施细则（试行）》执行。

申报对象：本市范围内依法登记成立，从事种植业、畜牧业产前、产中、产后各环节作业服务、代耕代种、技术服务的农业社会化服务组织。

## 19. 什么是农创客? 其主要特征是什么?

农创客是指年龄在 45 周岁以下，有创意理念、创新精神、创业热情的投身现代农业创业的大学（大专）毕业生或在校大学生，且在农业技术、模式、营销、产品等方面有创新突破。

农创客具有主体多元性、兴趣导向性、形式灵活性、路径开放性等特征。

## 20. 市级引领性农创客如何评选?

市级引领性农创客评选按照《丽水市引领性大学生农创客评选实施细则（试行）》执行。

申报对象：丽水市引领性大学生农创客是指经丽水市农业农村局认定，能坚持绿色农业发展导向，运用新理念、新知识、新技术，以信息化、智能化、融合化、数字化手段，发展新业态、构建新模式、拓展新领域，助推农业高质量跨越式发展和乡村振兴战略实施的创业者。

# 第二篇

# 农业农村法律法规

# 九、中华人民共和国农村土地承包法

（2002年8月29日第九届全国人民代表大会常务委员会第二十九次会议通过，2002年8月29日中华人民共和国主席令第七十三号公布　根据2009年8月27日第十一届全国人民代表大会常务委员会第十次会议《关于修改部分法律的决定》第一次修正　根据2018年12月29日第十三届全国人民代表大会常务委员会第七次会议《关于修改〈中华人民共和国农村土地承包法〉的决定》第二次修正）

## 第一章　总　　则

第一条　为了巩固和完善以家庭承包经营为基础、统分结合的双层经营体制，保持农村土地承包关系稳定并长久不变，维护农村土地承包经营当事人的合法权益，促进农业、农村经济发展和农村社会和谐稳定，根据宪法，制定本法。

第二条　本法所称农村土地，是指农民集体所有和国家所有依法由农民集体使用的耕地、林地、草地，以及其他依法用于农业的土地。

第三条　国家实行农村土地承包经营制度。

农村土地承包采取农村集体经济组织内部的家庭承包方式，不宜采取家庭承包方式的荒山、荒沟、荒丘、荒滩等农村土地，可以采取招标、拍卖、公开协商等方式承包。

第四条　农村土地承包后，土地的所有权性质不变。承包地不得买卖。

第五条　农村集体经济组织成员有权依法承包由本集体经济组织发包的农村土地。

任何组织和个人不得剥夺和非法限制农村集体经济组织成员承包土地的权利。

第六条　农村土地承包，妇女与男子享有平等的权利。承包中应当保护妇女的合法权益，任何组织和个人不得剥夺、侵害妇女应当享有的土地承包经营权。

第七条　农村土地承包应当坚持公开、公平、公正的原则，正确处理国家、集体、个人三者的利益关系。

第八条　国家保护集体土地所有者的合法权益，保护承包方的土地承包经营权，任何组织和个人不得侵犯。

第九条　承包方承包土地后，享有土地承包经营权，可以自己经营，也可以保留土地承包权，流转其承包地的土地经营权，由他人经营。

第十条　国家保护承包方依法、自愿、有偿流转土地经营权，保护土地经营权人的合法权益，任何组织和个人不得侵犯。

第十一条　农村土地承包经营应当遵守法律、法规，保护土地资源的合理开发和可持续利用。未经依法批准不得将承包地用于非农建设。

国家鼓励增加对土地的投入，培肥地力，提高农业生产能力。

第十二条　国务院农业农村、林业和草原主管部门分别依照国务院规定的职责负责全国农村土地承包经营及承包经营合同管理的指导。

县级以上地方人民政府农业农村、林业和草原等主管部门分别依照各自职责，负责本行政区域内农村土地承包经营及承包经营合同管理。

乡（镇）人民政府负责本行政区域内农村土地承包经营及承包经营合同管理。

# 第二章　家庭承包

## 第一节　发包方和承包方的权利和义务

第十三条　农民集体所有的土地依法属于村农民集体所有的，由村集体经济组织或者村民委员会发包；已经分别属于村内两个以上农村集体经济组织的农民集体所有的，由村内各该农村集体经济组织或者村民小组发包。村集体经济组织或者村民委员会发包的，不得改变村内各集体经济组织农民集体所有的土地的所有权。

国家所有依法由农民集体使用的农村土地，由使用该土地的农村集体经济组织、村民委员会或者村民小组发包。

第十四条　发包方享有下列权利：

（一）发包本集体所有的或者国家所有依法由本集体使用的农村土地；

（二）监督承包方依照承包合同约定的用途合理利用和保护土地；

（三）制止承包方损害承包地和农业资源的行为；

（四）法律、行政法规规定的其他权利。

第十五条　发包方承担下列义务：

（一）维护承包方的土地承包经营权，不得非法变更、解除承包合同；

（二）尊重承包方的生产经营自主权，不得干涉承包方依法进行正常的生产经营活动；

（三）依照承包合同约定为承包方提供生产、技术、信息等服务；

（四）执行县、乡（镇）土地利用总体规划，组织本集体经济组织内的农业基础设施建设；

（五）法律、行政法规规定的其他义务。

第十六条　家庭承包的承包方是本集体经济组织的农户。

农户内家庭成员依法平等享有承包土地的各项权益。

第十七条　承包方享有下列权利：

（一）依法享有承包地使用、收益的权利，有权自主组织生产经营和处置产品；

（二）依法互换、转让土地承包经营权；

（三）依法流转土地经营权；

（四）承包地被依法征收、征用、占用的，有权依法获得相应的补偿；

（五）法律、行政法规规定的其他权利。

第十八条　承包方承担下列义务：

（一）维持土地的农业用途，未经依法批准不得用于非农建设；

（二）依法保护和合理利用土地，不得给土地造成永久性损害；

（三）法律、行政法规规定的其他义务。

## 第二节　承包的原则和程序

第十九条　土地承包应当遵循以下原则：

（一）按照规定统一组织承包时，本集体经济组织成员依法平等地行使承包土地的权利，也可以自愿放弃承包土地的权利；

（二）民主协商，公平合理；

（三）承包方案应当按照本法第十三条的规定，依法经本集体经济组织成员的村民会议三分之二以上成员或者三分之二以上村民代表的同意；

（四）承包程序合法。

第二十条　土地承包应当按照以下程序进行：

（一）本集体经济组织成员的村民会议选举产生承包工作小组；

（二）承包工作小组依照法律、法规的规定拟订并公布承包方案；

（三）依法召开本集体经济组织成员的村民会议，讨论通过承包方案；

（四）公开组织实施承包方案；

（五）签订承包合同。

## 第三节 承包期限和承包合同

第二十一条 耕地的承包期为三十年。草地的承包期为三十年至五十年。林地的承包期为三十年至七十年。

前款规定的耕地承包期届满后再延长三十年，草地、林地承包期届满后依照前款规定相应延长。

第二十二条 发包方应当与承包方签订书面承包合同。

承包合同一般包括以下条款：

（一）发包方、承包方的名称，发包方负责人和承包方代表的姓名、住所；

（二）承包土地的名称、坐落、面积、质量等级；

（三）承包期限和起止日期；

（四）承包土地的用途；

（五）发包方和承包方的权利和义务；

（六）违约责任。

第二十三条 承包合同自成立之日起生效。承包方自承包合同生效时取得土地承包经营权。

第二十四条 国家对耕地、林地和草地等实行统一登记，登记机构应当向承包方颁发土地承包经营权证或者林权证等证书，并登记造册，确认土地承包经营权。

土地承包经营权证或者林权证等证书应当将具有土地承包经营权的全部家庭成员列入。

登记机构除按规定收取证书工本费外，不得收取其他费用。

第二十五条 承包合同生效后，发包方不得因承办人或者负责人的变动而变更或者解除，也不得因集体经济组织的分立或者合并而变更或者解除。

第二十六条 国家机关及其工作人员不得利用职权干涉农村土

地承包或者变更、解除承包合同。

### 第四节　土地承包经营权的保护和互换、转让

第二十七条　承包期内，发包方不得收回承包地。

国家保护进城农户的土地承包经营权。不得以退出土地承包经营权作为农户进城落户的条件。

承包期内，承包农户进城落户的，引导支持其按照自愿有偿原则依法在本集体经济组织内转让土地承包经营权或者将承包地交回发包方，也可以鼓励其流转土地经营权。

承包期内，承包方交回承包地或者发包方依法收回承包地时，承包方对其在承包地上投入而提高土地生产能力的，有权获得相应的补偿。

第二十八条　承包期内，发包方不得调整承包地。

承包期内，因自然灾害严重毁损承包地等特殊情形对个别农户之间承包的耕地和草地需要适当调整的，必须经本集体经济组织成员的村民会议三分之二以上成员或者三分之二以上村民代表的同意，并报乡（镇）人民政府和县级人民政府农业农村、林业和草原等主管部门批准。承包合同中约定不得调整的，按照其约定。

第二十九条　下列土地应当用于调整承包土地或者承包给新增人口：

（一）集体经济组织依法预留的机动地；

（二）通过依法开垦等方式增加的；

（三）发包方依法收回和承包方依法、自愿交回的。

第三十条　承包期内，承包方可以自愿将承包地交回发包方。承包方自愿交回承包地的，可以获得合理补偿，但是应当提前半年以书面形式通知发包方。承包方在承包期内交回承包地的，在承包期内不得再要求承包土地。

第三十一条　承包期内，妇女结婚，在新居住地未取得承包地的，发包方不得收回其原承包地；妇女离婚或者丧偶，仍在原居住地生活或者不在原居住地生活但在新居住地未取得承包地的，发包

方不得收回其原承包地。

第三十二条 承包人应得的承包收益，依照继承法的规定继承。

林地承包的承包人死亡，其继承人可以在承包期内继续承包。

第三十三条 承包方之间为方便耕种或者各自需要，可以对属于同一集体经济组织的土地的土地承包经营权进行互换，并向发包方备案。

第三十四条 经发包方同意，承包方可以将全部或者部分的土地承包经营权转让给本集体经济组织的其他农户，由该农户同发包方确立新的承包关系，原承包方与发包方在该土地上的承包关系即行终止。

第三十五条 土地承包经营权互换、转让的，当事人可以向登记机构申请登记。未经登记，不得对抗善意第三人。

## 第五节 土地经营权

第三十六条 承包方可以自主决定依法采取出租（转包）、入股或者其他方式向他人流转土地经营权，并向发包方备案。

第三十七条 土地经营权人有权在合同约定的期限内占有农村土地，自主开展农业生产经营并取得收益。

第三十八条 土地经营权流转应当遵循以下原则：

（一）依法、自愿、有偿，任何组织和个人不得强迫或者阻碍土地经营权流转；

（二）不得改变土地所有权的性质和土地的农业用途，不得破坏农业综合生产能力和农业生态环境；

（三）流转期限不得超过承包期的剩余期限；

（四）受让方须有农业经营能力或者资质；

（五）在同等条件下，本集体经济组织成员享有优先权。

第三十九条 土地经营权流转的价款，应当由当事人双方协商确定。流转的收益归承包方所有，任何组织和个人不得擅自截留、扣缴。

第四十条　土地经营权流转，当事人双方应当签订书面流转合同。

土地经营权流转合同一般包括以下条款：

（一）双方当事人的姓名、住所；

（二）流转土地的名称、坐落、面积、质量等级；

（三）流转期限和起止日期；

（四）流转土地的用途；

（五）双方当事人的权利和义务；

（六）流转价款及支付方式；

（七）土地被依法征收、征用、占用时有关补偿费的归属；

（八）违约责任。

承包方将土地交由他人代耕不超过一年的，可以不签订书面合同。

第四十一条　土地经营权流转期限为五年以上的，当事人可以向登记机构申请土地经营权登记。未经登记，不得对抗善意第三人。

第四十二条　承包方不得单方解除土地经营权流转合同，但受让方有下列情形之一的除外：

（一）擅自改变土地的农业用途；

（二）弃耕抛荒连续两年以上；

（三）给土地造成严重损害或者严重破坏土地生态环境；

（四）其他严重违约行为。

第四十三条　经承包方同意，受让方可以依法投资改良土壤，建设农业生产附属、配套设施，并按照合同约定对其投资部分获得合理补偿。

第四十四条　承包方流转土地经营权的，其与发包方的承包关系不变。

第四十五条　县级以上地方人民政府应当建立工商企业等社会资本通过流转取得土地经营权的资格审查、项目审核和风险防范制度。

工商企业等社会资本通过流转取得土地经营权的，本集体经济组织可以收取适量管理费用。

具体办法由国务院农业农村、林业和草原主管部门规定。

第四十六条　经承包方书面同意，并向本集体经济组织备案，受让方可以再流转土地经营权。

第四十七条　承包方可以用承包地的土地经营权向金融机构融资担保，并向发包方备案。受让方通过流转取得的土地经营权，经承包方书面同意并向发包方备案，可以向金融机构融资担保。

担保物权自融资担保合同生效时设立。当事人可以向登记机构申请登记；未经登记，不得对抗善意第三人。

实现担保物权时，担保物权人有权就土地经营权优先受偿。

土地经营权融资担保办法由国务院有关部门规定。

## 第三章　其他方式的承包

第四十八条　不宜采取家庭承包方式的荒山、荒沟、荒丘、荒滩等农村土地，通过招标、拍卖、公开协商等方式承包的，适用本章规定。

第四十九条　以其他方式承包农村土地的，应当签订承包合同，承包方取得土地经营权。当事人的权利和义务、承包期限等，由双方协商确定。以招标、拍卖方式承包的，承包费通过公开竞标、竞价确定；以公开协商等方式承包的，承包费由双方议定。

第五十条　荒山、荒沟、荒丘、荒滩等可以直接通过招标、拍卖、公开协商等方式实行承包经营，也可以将土地经营权折股分给本集体经济组织成员后，再实行承包经营或者股份合作经营。

承包荒山、荒沟、荒丘、荒滩的，应当遵守有关法律、行政法规的规定，防止水土流失，保护生态环境。

第五十一条　以其他方式承包农村土地，在同等条件下，本集体经济组织成员有权优先承包。

第五十二条　发包方将农村土地发包给本集体经济组织以外的单位或者个人承包，应当事先经本集体经济组织成员的村民会议三分之二以上成员或者三分之二以上村民代表的同意，并报乡（镇）人民政府批准。

由本集体经济组织以外的单位或者个人承包的，应当对承包方的资信情况和经营能力进行审查后，再签订承包合同。

第五十三条　通过招标、拍卖、公开协商等方式承包农村土地，经依法登记取得权属证书的，可以依法采取出租、入股、抵押或者其他方式流转土地经营权。

第五十四条　依照本章规定通过招标、拍卖、公开协商等方式取得土地经营权的，该承包人死亡，其应得的承包收益，依照继承法的规定继承；在承包期内，其继承人可以继续承包。

## 第四章　争议的解决和法律责任

第五十五条　因土地承包经营发生纠纷的，双方当事人可以通过协商解决，也可以请求村民委员会、乡（镇）人民政府等调解解决。

当事人不愿协商、调解或者协商、调解不成的，可以向农村土地承包仲裁机构申请仲裁，也可以直接向人民法院起诉。

第五十六条　任何组织和个人侵害土地承包经营权、土地经营权的，应当承担民事责任。

第五十七条　发包方有下列行为之一的，应当承担停止侵害、排除妨碍、消除危险、返还财产、恢复原状、赔偿损失等民事责任：

（一）干涉承包方依法享有的生产经营自主权；

（二）违反本法规定收回、调整承包地；

（三）强迫或者阻碍承包方进行土地承包经营权的互换、转让或者土地经营权流转；

（四）假借少数服从多数强迫承包方放弃或者变更土地承包经

营权；

（五）以划分“口粮田”和“责任田”等为由收回承包地搞招标承包；

（六）将承包地收回抵顶欠款；

（七）剥夺、侵害妇女依法享有的土地承包经营权；

（八）其他侵害土地承包经营权的行为。

第五十八条　承包合同中违背承包方意愿或者违反法律、行政法规有关不得收回、调整承包地等强制性规定的约定无效。

第五十九条　当事人一方不履行合同义务或者履行义务不符合约定的，应当依法承担违约责任。

第六十条　任何组织和个人强迫进行土地承包经营权互换、转让或者土地经营权流转的，该互换、转让或者流转无效。

第六十一条　任何组织和个人擅自截留、扣缴土地承包经营权互换、转让或者土地经营权流转收益的，应当退还。

第六十二条　违反土地管理法规，非法征收、征用、占用土地或者贪污、挪用土地征收、征用补偿费用，构成犯罪的，依法追究刑事责任；造成他人损害的，应当承担损害赔偿等责任。

第六十三条　承包方、土地经营权人违法将承包地用于非农建设的，由县级以上地方人民政府有关主管部门依法予以处罚。

承包方给承包地造成永久性损害的，发包方有权制止，并有权要求赔偿由此造成的损失。

第六十四条　土地经营权人擅自改变土地的农业用途、弃耕抛荒连续两年以上、给土地造成严重损害或者严重破坏土地生态环境，承包方在合理期限内不解除土地经营权流转合同的，发包方有权要求终止土地经营权流转合同。土地经营权人对土地和土地生态环境造成的损害应当予以赔偿。

第六十五条　国家机关及其工作人员有利用职权干涉农村土地承包经营，变更、解除承包经营合同，干涉承包经营当事人依法享有的生产经营自主权，强迫、阻碍承包经营当事人进行土地承包经营权互换、转让或者土地经营权流转等侵害土地承包经营权、土地经营权的行为，给承包经营当事人造成损失的，应当承担损害赔偿等责任；情节严重的，由上级机关或者所在单位给予直接责任人员处分；构成犯罪的，依法追究刑事责任。

## 第五章　附　　则

第六十六条　本法实施前已经按照国家有关农村土地承包的规定承包，包括承包期限长于本法规定的，本法实施后继续有效，不得重新承包土地。未向承包方颁发土地承包经营权证或者林权证等证书的，应当补发证书。

第六十七条　本法实施前已经预留机动地的，机动地面积不得超过本集体经济组织耕地总面积的百分之五。不足百分之五的，不得再增加机动地。

本法实施前未留机动地的，本法实施后不得再留机动地。

第六十八条　各省、自治区、直辖市人民代表大会常务委员会可以根据本法，结合本行政区域的实际情况，制定实施办法。

第六十九条　确认农村集体经济组织成员身份的原则、程序等，由法律、法规规定。

第七十条　本法自 2003 年 3 月 1 日起施行。

# 十、中华人民共和国农民专业合作社法

（《中华人民共和国农民专业合作社法》由2006年10月31日第十届全国人民代表大会常务委员会第二十四次会议通过　2017年12月27日第十二届全国人民代表大会常务委员会第三十一次会议修订）

## 第一章　总　　则

第一条　为了规范农民专业合作社的组织和行为，鼓励、支持、引导农民专业合作社的发展，保护农民专业合作社及其成员的合法权益，推进农业农村现代化，制定本法。

第二条　本法所称农民专业合作社，是指在农村家庭承包经营基础上，农产品的生产经营者或者农业生产经营服务的提供者、利用者，自愿联合、民主管理的互助性经济组织。

第三条　农民专业合作社以其成员为主要服务对象，开展以下一种或者多种业务：

（一）农业生产资料的购买、使用；

（二）农产品的生产、销售、加工、运输、贮藏及其他相关服务；

（三）农村民间工艺及制品、休闲农业和乡村旅游资源的开发经营等；

（四）与农业生产经营有关的技术、信息、设施建设运营等服务。

第四条　农民专业合作社应当遵循下列原则：

（一）成员以农民为主体；

（二）以服务成员为宗旨，谋求全体成员的共同利益；

（三）入社自愿、退社自由；

（四）成员地位平等，实行民主管理；

（五）盈余主要按照成员与农民专业合作社的交易量（额）比例返还。

第五条　农民专业合作社依照本法登记，取得法人资格。

农民专业合作社对由成员出资、公积金、国家财政直接补助、他人捐赠以及合法取得的其他资产所形成的财产，享有占有、使用和处分的权利，并以上述财产对债务承担责任。

第六条　农民专业合作社成员以其账户内记载的出资额和公积金份额为限对农民专业合作社承担责任。

第七条　国家保障农民专业合作社享有与其他市场主体平等的法律地位。

国家保护农民专业合作社及其成员的合法权益，任何单位和个人不得侵犯。

第八条　农民专业合作社从事生产经营活动，应当遵守法律，遵守社会公德、商业道德，诚实守信，不得从事与章程规定无关的活动。

第九条　农民专业合作社为扩大生产经营和服务的规模，发展产业化经营，提高市场竞争力，可以依法自愿设立或者加入农民专业合作社联合社。

第十条　国家通过财政支持、税收优惠和金融、科技、人才的扶持以及产业政策引导等措施，促进农民专业合作社的发展。

国家鼓励和支持公民、法人和其他组织为农民专业合作社提供帮助和服务。

对发展农民专业合作社事业做出突出贡献的单位和个人，按照国家有关规定予以表彰和奖励。

第十一条　县级以上人民政府应当建立农民专业合作社工作的综合协调机制，统筹指导、协调、推动农民专业合作社的建设和发展。

县级以上人民政府农业主管部门、其他有关部门和组织应当依据各自职责，对农民专业合作社的建设和发展给予指导、扶持和服务。

## 第二章　设立和登记

第十二条　设立农民专业合作社，应当具备下列条件：

（一）有五名以上符合本法第十九条、第二十条规定的成员；

（二）有符合本法规定的章程；

（三）有符合本法规定的组织机构；

（四）有符合法律、行政法规规定的名称和章程确定的住所；

（五）有符合章程规定的成员出资。

第十三条　农民专业合作社成员可以用货币出资，也可以用实物、知识产权、土地经营权、林权等可以用货币估价并可以依法转让的非货币财产，以及章程规定的其他方式作价出资；但是，法律、行政法规规定不得作为出资的财产除外。

农民专业合作社成员不得以对该社或者其他成员的债权，充抵出资；不得以缴纳的出资，抵销对该社或者其他成员的债务。

第十四条　设立农民专业合作社，应当召开由全体设立人参加的设立大会。设立时自愿成为该社成员的人为设立人。

设立大会行使下列职权：

（一）通过本社章程，章程应当由全体设立人一致通过；

（二）选举产生理事长、理事、执行监事或者监事会成员；

（三）审议其他重大事项。

第十五条　农民专业合作社章程应当载明下列事项：

（一）名称和住所；

（二）业务范围；

（三）成员资格及入社、退社和除名；

（四）成员的权利和义务；

（五）组织机构及其产生办法、职权、任期、议事规则；

（六）成员的出资方式、出资额，成员出资的转让、继承、担保；

（七）财务管理和盈余分配、亏损处理；

（八）章程修改程序；

（九）解散事由和清算办法；

（十）公告事项及发布方式；

（十一）附加表决权的设立、行使方式和行使范围；

（十二）需要载明的其他事项。

第十六条　设立农民专业合作社，应当向工商行政管理部门提交下列文件，申请设立登记：

（一）登记申请书；

（二）全体设立人签名、盖章的设立大会纪要；

（三）全体设立人签名、盖章的章程；

（四）法定代表人、理事的任职文件及身份证明；

（五）出资成员签名、盖章的出资清单；

（六）住所使用证明；

（七）法律、行政法规规定的其他文件。

登记机关应当自受理登记申请之日起二十日内办理完毕，向符合登记条件的申请者颁发营业执照，登记类型为农民专业合作社。

农民专业合作社法定登记事项变更的，应当申请变更登记。

登记机关应当将农民专业合作社的登记信息通报同级农业等有关部门。

农民专业合作社登记办法由国务院规定。办理登记不得收取费用。

第十七条　农民专业合作社应当按照国家有关规定，向登记机关报送年度报告，并向社会公示。

第十八条　农民专业合作社可以依法向公司等企业投资，以其出资额为限对所投资企业承担责任。

## 第三章　成　　员

第十九条　具有民事行为能力的公民，以及从事与农民专业合作社业务直接有关的生产经营活动的企业、事业单位或者社会组织，能够利用农民专业合作社提供的服务，承认并遵守农民专业合作社章程，履行章程规定的入社手续的，可以成为农民专业合作社的成员。但是，具有管理公共事务职能的单位不得加入农民专业合作社。

农民专业合作社应当置备成员名册，并报登记机关。

第二十条　农民专业合作社的成员中，农民至少应当占成员总数的百分之八十。

成员总数二十人以下的，可以有一个企业、事业单位或者社会组织成员；成员总数超过二十人的，企业、事业单位和社会组织成员不得超过成员总数的百分之五。

第二十一条　农民专业合作社成员享有下列权利：

（一）参加成员大会，并享有表决权、选举权和被选举权，按照章程规定对本社实行民主管理；

（二）利用本社提供的服务和生产经营设施；

（三）按照章程规定或者成员大会决议分享盈余；

（四）查阅本社的章程、成员名册、成员大会或者成员代表大会记录、理事会会议决议、监事会会议决议、财务会计报告、会计账簿和财务审计报告；

（五）章程规定的其他权利。

第二十二条　农民专业合作社成员大会选举和表决，实行一人一票制，成员各享有一票的基本表决权。

出资额或者与本社交易量（额）较大的成员按照章程规定，可以享有附加表决权。本社的附加表决权总票数，不得超过本社成员基本表决权总票数的百分之二十。享有附加表决权的成员及其享有的附加表决权数，应当在每次成员大会召开时告知出席会议的全体成员。

第二十三条　农民专业合作社成员承担下列义务：

（一）执行成员大会、成员代表大会和理事会的决议；

（二）按照章程规定向本社出资；

（三）按照章程规定与本社进行交易；

（四）按照章程规定承担亏损；

（五）章程规定的其他义务。

第二十四条　符合本法第十九条、第二十条规定的公民、企业、事业单位或者社会组织，要求加入已成立的农民专业合作社，应当向理事长或者理事会提出书面申请，经成员大会或者成员代表大会表决通过后，成为本社成员。

第二十五条　农民专业合作社成员要求退社的，应当在会计年度终了的三个月前向理事长或者理事会提出书面申请；其中，企业、事业单位或者社会组织成员退社，应当在会计年度终了的六个月前提出；章程另有规定的，从其规定。退社成员的成员资格自会计年度终了时终止。

第二十六条　农民专业合作社成员不遵守农民专业合作社的章程、成员大会或者成员代表大会的决议，或者严重危害其他成员及农民专业合作社利益的，可以予以除名。

成员的除名，应当经成员大会或者成员代表大会表决通过。

在实施前款规定时，应当为该成员提供陈述意见的机会。

被除名成员的成员资格自会计年度终了时终止。

第二十七条　成员在其资格终止前与农民专业合作社已订立的合同，应当继续履行；章程另有规定或者与本社另有约定的除外。

第二十八条　成员资格终止的，农民专业合作社应当按照章程规定的方式和期限，退还记载在该成员账户内的出资额和公积金份额；对成员资格终止前的可分配盈余，依照本法第四十四条的规定向其返还。

资格终止的成员应当按照章程规定分摊资格终止前本社的亏损及债务。

## 第四章　组织机构

第二十九条　农民专业合作社成员大会由全体成员组成，是本社的权力机构，行使下列职权：

（一）修改章程；

（二）选举和罢免理事长、理事、执行监事或者监事会成员；

（三）决定重大财产处置、对外投资、对外担保和生产经营活动中的其他重大事项；

（四）批准年度业务报告、盈余分配方案、亏损处理方案；

（五）对合并、分立、解散、清算，以及设立、加入联合社等作出决议；

（六）决定聘用经营管理人员和专业技术人员的数量、资格和任期；

（七）听取理事长或者理事会关于成员变动情况的报告，对成员的入社、除名等作出决议；

（八）公积金的提取及使用；

（九）章程规定的其他职权。

第三十条　农民专业合作社召开成员大会，出席人数应当达到成员总数三分之二以上。

成员大会选举或者作出决议，应当由本社成员表决权总数过半数通过；作出修改章程或者合并、分立、解散，以及设立、加入联合社的决议应当由本社成员表决权总数的三分之二以上通过。章程对表决权数有较高规定的，从其规定。

第三十一条　农民专业合作社成员大会每年至少召开一次，会议的召集由章程规定。有下列情形之一的，应当在二十日内召开临时成员大会：

（一）百分之三十以上的成员提议；

（二）执行监事或者监事会提议；

（三）章程规定的其他情形。

第三十二条　农民专业合作社成员超过一百五十人的，可以按照章程规定设立成员代表大会。成员代表大会按照章程规定可以行使成员大会的部分或者全部职权。

依法设立成员代表大会的，成员代表人数一般为成员总人数的百分之十，最低人数为五十一人。

第三十三条　农民专业合作社设理事长一名，可以设理事会。理事长为本社的法定代表人。

农民专业合作社可以设执行监事或者监事会。理事长、理事、经理和财务会计人员不得兼任监事。

理事长、理事、执行监事或者监事会成员，由成员大会从本社成员中选举产生，依照本法和章程的规定行使职权，对成员大会负责。

理事会会议、监事会会议的表决，实行一人一票。

第三十四条　农民专业合作社的成员大会、成员代表大会、理事会、监事会，应当将所议事项的决定作成会议记录，出席会议的成员、成员代表、理事、监事应当在会议记录上签名。

第三十五条　农民专业合作社的理事长或者理事会可以按照成员大会的决定聘任经理和财务会计人员，理事长或者理事可以兼任经理。经理按照章程规定或者理事会的决定，可以聘任其他人员。

经理按照章程规定和理事长或者理事会授权，负责具体生产经营活动。

第三十六条　农民专业合作社的理事长、理事和管理人员不得有下列行为：

（一）侵占、挪用或者私分本社资产；

（二）违反章程规定或者未经成员大会同意，将本社资金借贷给他人或者以本社资产为他人提供担保；

（三）接受他人与本社交易的佣金归为己有；

（四）从事损害本社经济利益的其他活动。

理事长、理事和管理人员违反前款规定所得的收入，应当归本社所有；给本社造成损失的，应当承担赔偿责任。

第三十七条　农民专业合作社的理事长、理事、经理不得兼任业务性质相同的其他农民专业合作社的理事长、理事、监事、经理。

第三十八条　执行与农民专业合作社业务有关公务的人员，不得担任农民专业合作社的理事长、理事、监事、经理或者财务会计人员。

## 第五章　财务管理

第三十九条　农民专业合作社应当按照国务院财政部门制定的财务会计制度进行财务管理和会计核算。

第四十条　农民专业合作社的理事长或者理事会应当按照章程规定，组织编制年度业务报告、盈余分配方案、亏损处理方案以及财务会计报告，于成员大会召开的十五日前，置备于办公地点，供成员查阅。

第四十一条　农民专业合作社与其成员的交易、与利用其提供的服务的非成员的交易，应当分别核算。

第四十二条　农民专业合作社可以按照章程规定或者成员大会决议从当年盈余中提取公积金。公积金用于弥补亏损、扩大生产经营或者转为成员出资。

每年提取的公积金按照章程规定量化为每个成员的份额。

第四十三条　农民专业合作社应当为每个成员设立成员账户，主要记载下列内容：

（一）该成员的出资额；

（二）量化为该成员的公积金份额；

（三）该成员与本社的交易量（额）。

第四十四条　在弥补亏损、提取公积金后的当年盈余，为农民专业合作社的可分配盈余。可分配盈余主要按照成员与本社的交易量（额）比例返还。

可分配盈余按成员与本社的交易量（额）比例返还的返还总额不得低于可分配盈余的百分之六十；返还后的剩余部分，以成员账户中记载的出资额和公积金份额，以及本社接受国家财政直接补助和他人捐赠形成的财产平均量化到成员的份额，按比例分配给本社成员。

经成员大会或者成员代表大会表决同意，可以将全部或者部分可分配盈余转为对农民专业合作社的出资，并记载在成员账户中。

具体分配办法按照章程规定或者经成员大会决议确定。

第四十五条　设立执行监事或者监事会的农民专业合作社，由执行监事或者监事会负责对本社的财务进行内部审计，审计结果应当向成员大会报告。

成员大会也可以委托社会中介机构对本社的财务进行审计。

## 第六章　合并、分立、解散和清算

第四十六条　农民专业合作社合并，应当自合并决议作出之日起十日内通知债权人。合并各方的债权、债务应当由合并后存续或者新设的组织承继。

第四十七条　农民专业合作社分立，其财产作相应的分割，并应当自分立决议作出之日起十日内通知债权人。分立前的债务由分立后的组织承担连带责任。但是，在分立前与债权人就债务清偿达成的书面协议另有约定的除外。

第四十八条　农民专业合作社因下列原因解散：

（一）章程规定的解散事由出现；

（二）成员大会决议解散；

（三）因合并或者分立需要解散；

（四）依法被吊销营业执照或者被撤销。

因前款第一项、第二项、第四项原因解散的，应当在解散事由出现之日起十五日内由成员大会推举成员组成清算组，开始解散清算。逾期不能组成清算组的，成员、债权人可以向人民法院申请指定成员组成清算组进行清算，人民法院应当受理该申请，并及时指定成员组成清算组进行清算。

第四十九条　清算组自成立之日起接管农民专业合作社，负责处理与清算有关未了结业务，清理财产和债权、债务，分配清偿债务后的剩余财产，代表农民专业合作社参与诉讼、仲裁或者其他法律程序，并在清算结束时办理注销登记。

第五十条　清算组应当自成立之日起十日内通知农民专业合作社成员和债权人，并于六十日内在报纸上公告。债权人应当自接到通知之日起三十日内，未接到通知的自公告之日起四十五日内，向清算组申报债权。如果在规定期间内全部成员、债权人均已收到通知，免除清算组的公告义务。

债权人申报债权，应当说明债权的有关事项，并提供证明材料。清算组应当对债权进行审查、登记。

在申报债权期间，清算组不得对债权人进行清偿。

第五十一条　农民专业合作社因本法第四十八条第一款的原因解散，或者人民法院受理破产申请时，不能办理成员退社手续。

第五十二条　清算组负责制定包括清偿农民专业合作社员工的工资及社会保险费用，清偿所欠税款和其他各项债务，以及分配剩余财产在内的清算方案，经成员大会通过或者申请人民法院确认后实施。

清算组发现农民专业合作社的财产不足以清偿债务的，应当依法向人民法院申请破产。

第五十三条　农民专业合作社接受国家财政直接补助形成的财产，在解散、破产清算时，不得作为可分配剩余资产分配给成员，具体按照国务院财政部门有关规定执行。

第五十四条　清算组成员应当忠于职守，依法履行清算义务，因故意或者重大过失给农民专业合作社成员及债权人造成损失的，应当承担赔偿责任。

第五十五条　农民专业合作社破产适用企业破产法的有关规定。但是，破产财产在清偿破产费用和共益债务后，应当优先清偿破产前与农民成员已发生交易但尚未结清的款项。

## 第七章　农民专业合作社联合社

第五十六条　三个以上的农民专业合作社在自愿的基础上，可以出资设立农民专业合作社联合社。

农民专业合作社联合社应当有自己的名称、组织机构和住所，由联合社全体成员制定并承认的章程，以及符合章程规定的成员出资。

第五十七条　农民专业合作社联合社依照本法登记，取得法人资格，领取营业执照，登记类型为农民专业合作社联合社。

第五十八条　农民专业合作社联合社以其全部财产对该社的债务承担责任；农民专业合作社联合社的成员以其出资额为限对农民专业合作社联合社承担责任。

第五十九条　农民专业合作社联合社应当设立由全体成员参加的成员大会，其职权包括修改农民专业合作社联合社章程，选举和罢免农民专业合作社联合社理事长、理事和监事，决定农民专业合作社联合社的经营方案及盈余分配，决定对外投资和担保方案等重大事项。

农民专业合作社联合社不设成员代表大会，可以根据需要设立理事会、监事会或者执行监事。理事长、理事应当由成员社选派的人员担任。

第六十条　农民专业合作社联合社的成员大会选举和表决，实行一社一票。

第六十一条　农民专业合作社联合社可分配盈余的分配办法，按照本法规定的原则由农民专业合作社联合社章程规定。

第六十二条　农民专业合作社联合社成员退社，应当在会计年度终了的六个月前以书面形式向理事会提出。退社成员的成员资格自会计年度终了时终止。

第六十三条　本章对农民专业合作社联合社没有规定的，适用本法关于农民专业合作社的规定。

## 第八章　扶持措施

第六十四条　国家支持发展农业和农村经济的建设项目，可以委托和安排有条件的农民专业合作社实施。

第六十五条　中央和地方财政应当分别安排资金，支持农民专业合作社开展信息、培训、农产品标准与认证、农业生产基础设施建设、市场营销和技术推广等服务。国家对革命老区、民族地区、边疆地区和贫困地区的农民专业合作社给予优先扶助。

县级以上人民政府有关部门应当依法加强对财政补助资金使用情况的监督。

第六十六条　国家政策性金融机构应当采取多种形式，为农民专业合作社提供多渠道的资金支持。具体支持政策由国务院规定。

国家鼓励商业性金融机构采取多种形式，为农民专业合作社及其成员提供金融服务。

国家鼓励保险机构为农民专业合作社提供多种形式的农业保险服务。鼓励农民专业合作社依法开展互助保险。

第六十七条　农民专业合作社享受国家规定的对农业生产、加工、流通、服务和其他涉农经济活动相应的税收优惠。

第六十八条　农民专业合作社从事农产品初加工用电执行农业生产用电价格，农民专业合作社生产性配套辅助设施用地按农用地管理，具体办法由国务院有关部门规定。

## 第九章　法律责任

第六十九条　侵占、挪用、截留、私分或者以其他方式侵犯农民专业合作社及其成员的合法财产，非法干预农民专业合作社及其成员的生产经营活动，向农民专业合作社及其成员摊派，强迫农民专业合作社及其成员接受有偿服务，造成农民专业合作社经济损失的，依法追究法律责任。

第七十条　农民专业合作社向登记机关提供虚假登记材料或者采取其他欺诈手段取得登记的，由登记机关责令改正，可以处五千元以下罚款；情节严重的，撤销登记或者吊销营业执照。

第七十一条　农民专业合作社连续两年未从事经营活动的，吊销其营业执照。

第七十二条　农民专业合作社在依法向有关主管部门提供的财务报告等材料中，作虚假记载或者隐瞒重要事实的，依法追究法律责任。

## 第十章　附　　则

第七十三条　国有农场、林场、牧场、渔场等企业中实行承包租赁经营、从事农业生产经营或者服务的职工，兴办农民专业合作社适用本法。

第七十四条　本法自 2018 年 7 月 1 日起施行。

# 十一、浙江省农村集体资产管理条例

## 第一章　总则

第一条　为了规范农村集体资产管理，维护农村集体经济组织及其成员的合法权益，保障农村集体资产保值增值，巩固和发展农村集体经济，根据有关法律、行政法规，结合本省实际，制定本条例。

第二条　本省行政区域内农村集体资产管理活动，应当遵守本条例。

本条例所称农村集体资产，是指村集体经济组织成员集体所有的资产，包括资源性、经营性和非经营性资产。

本条例所称村集体经济组织及其成员，是指《浙江省村经济合作社组织条例》规定的村经济合作社及其社员，以及村经济合作社股份合作制改造后成立的村股份经济合作社及其社员股东。

第三条　农村集体资产是农业合作化和农民群众劳动积累的成果，承担稳定与完善统分结合的双层经营体制、发展农村集体经济、增加农民收入、促进共同富裕等功能。

第四条　对农村集体资产按照合作制原则实行民主管理，其经营收益由本集体经济组织全体成员共同享有，并依照本条例规定和集体经济组织章程分配。村集体经济组织应当保障妇女在集体资产的管理、使用及收益分配方面享有与男子平等的权利。

村集体经济组织及其成员有保护农村集体资产不受侵犯、维护农村集体资产正常运行的权利和义务。

农村集体资产受法律保护，任何单位和个人不得侵占、私分、平调、破坏。

第五条　村集体经济组织依法代表全体成员对农村集体资产行使占有、使用、收益和处分的权利，承担资源开发与利用、资产经营与管理、生产发展与服务、财务管理与分配等职能。中国共产党在农村的基层组织领导、支持和保障村集体经济组织依法履行职能。

村集体经济组织应当参与农村社区建设和社区协商，为农村社区事业发展提供物质支持。

村集体经济组织执行机构和监督机构分别承担农村集体资产的日常管理和内部监督工作，对村集体经济组织全体成员负责。

村集体经济组织应当建立健全资产与财务管理各项规章制度，实行财务公开和民主理财，保障本集体经济组织及其成员的合法权益。

尚未建立村集体经济组织的，农村集体资产的所有权暂由村民委员会代表全体成员行使。

第六条　县级以上人民政府应当加强对本行政区域内农村集体资产管理工作的领导，建立健全监督与指导体系，制定农村集体资产管理制度，加大财政投入，扶持农村集体经济发展，维护村集体经济组织及其成员的合法权益。

乡镇人民政府（街道办事处）是本辖区内农村集体资产管理的监督责任主体，应当确定专门机构和工作人员负责对农村集体资产管理的监督、指导服务和权益维护等工作，所需工作经费列入财政预算。

第七条　县级以上人民政府农业主管部门负责对本行政区域内农村集体资产管理的业务指导、技术培训和监督。农业主管部门所属的农村经营管理机构承担日常具体工作。

县级以上人民政府监察、民政、财政、审计、国土资源、水利、林业、文化、海洋与渔业等部门按照职责分工，共同做好对农村集体资产管理的监督工作。

## 第二章　资产权属

第八条　下列资产属于农村集体资产：

（一）依法属于村集体经济组织成员集体所有的土地和森林、山岭、草原、荒地、滩涂、水域等资源性资产；

（二）村集体经济组织成员集体所有的用于生产经营的建筑物、构筑物、设施设备、库存物品、各种货币资产以及债权、股权等经营性资产；

（三）村集体经济组织成员集体所有的用于教育、科学、文化、卫生、体育等公益事业的非经营性资产；

（四）村集体经济组织成员集体所有的其他有形和无形资产。

村集体经济组织接受社会资助、捐赠和财政直接补助所形成的资产，属于本集体经济组织成员集体所有。

第九条　县级以上人民政府应当根据法律、法规和国家有关规定，对农村集体资产的所有权或者使用权进行界定确认。

县级以上人民政府及其有关部门应当依照《中华人民共和国物权法》《中华人民共和国农村土地承包法》和不动产登记有关规定，对村集体经济组织成员集体所有的土地、房屋以及土地承包经营权等予以登记。

村集体经济组织应当建立资产登记制度，定期清查本集体经济组织成员集体所有资产，如实登记资产存量及变动情况，做到资产明晰、账实相符。对报废的资产，应当按照规定程序予以核销。

对实行承包和租赁经营的资产，村集体经济组织应当登记承包人、承租人的名称或者姓名以及承包、租赁的期限、收益等情况。

第十条　农村集体土地依法被征收为国有土地的，设区的市、县（市、区）人民政府除依照法律、法规规定的标准给予补偿外，还应当按照被征收土地面积的一定比例，为被征地村安排集体经济发展留用地，或者以留用地指标折算为集体经济发展资金等形式予以补偿。具体办法由设区的市人民政府制定。

前款规定的留用地或者集体经济发展资金等形式的补偿应当用于发展农村集体经济，不得直接分配给集体经济组织成员。留用地的使用应当符合城乡规划和土地利用总体规划。

第十一条　因村集体经济组织合并、分立需要调整农村集体资产权属，或者因村集体经济组织终止需要处分农村集体资产的，应当尊重有关村集体经济组织及其成员的意愿，制定具体的实施方案。实施方案应当经本集体经济组织成员大会或者成员大会授权的成员代表大会应到成员三分之二以上通过。

村集体经济组织合并、分立、终止的程序依照《浙江省村经济合作社组织条例》的规定执行。村集体经济组织合并、分立或者终止时，应当依法进行清算。

调整农村集体资产权属和处分农村集体资产不得损害村集体经济组织及其成员的合法权益。

## 第三章　资产运营

第十二条　村集体经济组织应当建立和完善农村集体资产经营管理、资产保值增值、责任考核和风险控制等制度。

村集体经济组织对农村集体资产可以直接经营，也可以采取发包、租赁、合资、合作等方式经营。

第十三条　村集体经济组织经营管理人员应当具备下列条件，并由本集体经济组织选举、任命或者聘任：

（一）有良好的品行和信誉；

（二）具有农村集体资产经营管理的专业知识和工作能力；

（三）有能够正常履职的时间和身体条件；

（四）法律、法规规定的其他条件。

村集体经济组织根据需要配备农村集体资产专管员，负责集体资产的统计、登记和财务报账、财务会计档案保管等事务。

第十四条　单位和个人经营或者使用农村集体资产的，应当与村集体经济组织签订书面合同，合理确定合同期限、标的，明确双方的权利和义务。

第十五条　村集体经济组织应当每年召开本集体经济组织成员大会或者成员代表大会，听取、审查村集体经济组织执行机构关于农村集体资产经营管理的工作报告和村集体经济组织监督机构关于农村集体资产经营管理的监督工作报告，讨论决定农村集体资产年度经营管理和制度建设等重大事项。

村集体经济组织成员代表大会行使前款规定职能的，应当取得成员大会的授权。

第十六条　村集体经济组织以及村集体经济组织经营管理人员，不得以本集体资产为其他单位和个人的债务提供担保。

任何单位和个人不得强制村集体经济组织捐款捐助或者向村集体经济组织摊派。

第十七条　农村集体资产经营管理活动中的下列事项，应当经本集体经济组织成员大会或者成员大会授权的成员代表大会应到成员三分之二以上通过：

（一）本集体经济组织年度财务预决算、收益分配和非生产性支出方案；

（二）农村集体资产经营方式、经营目标及重大经营事项的确定和变更；

（三）重大投资和工程建设项目、较大数额的举债；

（四）出借集体资金；

（五）集体土地征收征用补偿费的分配和使用；

（六）留用地和集体经济发展资金的使用；

（七）宅基地的分配；

（八）依法进行的集体经营性建设用地入市；

（九）涉及本集体经济组织全体成员利益的其他重大事项。

前款所列事项的表决过程应当由村集体经济组织监督机构全程监督。其中，第三项、第四项规定的事项在提请表决前，还应当由村集体经济组织执行机构说明可能造成的风险。

重大投资和工程建设项目、较大数额举债等具体数额标准，由村集体经济组织依照本条第一款规定的民主决策程序予以确定。

第十八条　村集体经济组织应当合理控制债务规模。乡镇人民政府（街道办事处）可以根据村集体经济组织的经营管理需要和债务偿还能力，对村集体经济组织的债务规模设置警戒线，并对村集体经济组织及其成员发布预警信息，提示债务超过警戒线可能造成的风险。

第十九条　村集体经济组织对其出资的企业或者其他经济组织依法享有资产收益和相应的经营管理权利。

村集体经济组织对其独资、控股、参股的企业或者其他经济组织，应当通过制定、参与制定该企业或者其他经济组织章程的方式，建立权责明确的内部监督管理和风险控制制度，维护本集体经济组织及其成员的权益。

第二十条　调整农村集体资产权属、开展股份合作以及本条例第十七条规定事项的实施方案，依照本条例规定的民主决策程序交付表决前，应当在本集体经济组织范围内进行公示，征求本集体经济组织成员意见，征求意见时间不少于十五日。

## 第四章　财务管理

第二十一条　村集体经济组织应当遵守《中华人民共和国会计法》《会计基础工作规范》《村集体经济组织会计制度》等法律和国家有关规定，建立健全本集体经济组织财务和会计制度。

村集体经济组织因与其他单位或者个人的经济业务取得的原始凭证，应当为财政、税务和农业主管部门规定的票据。

第二十二条　村集体经济组织只能开设一个基本存款账户，用于办理日常转账结算和现金收付；除土地补偿费专门账户外，不得开设其他专用或者临时账户。

村集体经济组织开设一般账户及开设一般账户的数量，由本集体经济组织成员大会或者成员大会授权的成员代表大会应到成员过半数确定。开设的一般账户基本信息及数量，应当报乡镇人民政府（街道办事处）备案。

村集体经济组织可以委托县（市、区）农业主管部门或者乡镇人民政府（街道办事处）组织公开招投标，确定存储本集体经济组织大额存款的商业银行。

第二十三条　村集体经济组织应当建立财务会计档案管理制度，保证财务会计资料的完整和真实。农村集体资产专管员或者其他相关经营管理人员调整的，财务会计资料和财务印章应当及时移交。

第二十四条　推行村集体经济组织会计委托代理制度。村集体经济组织可以委托乡镇会计代理机构或者其他会计代理机构代理会计业务。

村集体经济组织委托会计代理机构代理会计业务的，应当签订书面委托合同，明确双方的权利和义务。

会计代理机构应当配备具有会计从业资格的人员。

第二十五条　村集体经济组织应当保障其成员对本集体资产经营和财务管理的知情权、监督权。

村集体经济组织应当按月或者按季度向本集体经济组织成员公开财务明细账目；发生重大财务事项的，应当自重大财务事项发生之日起五日内向本集体经济组织成员公布。重大财务事项的标准由县（市、区）人民政府确定。

村集体经济组织监督机构应当履行民主理财的监督职能，对农村集体资产经营管理和财务收支进行审查，及时公布审查情况。

## 第五章　股份合作

第二十六条　村集体经济组织可以通过股份合作形式，明确其成员对农村集体资产股份占有和收益分配权利。

村集体经济组织完成股份合作制改造后，仍为集体所有、合作经营、民主管理、服务成员的社区性农村集体经济组织。

第二十七条　推行将农村集体资产中的经营性资产折股量化到本集体经济组织成员。农村集体资产中的非经营性资产应当为本集体经济组织成员提供公益性服务，可以折股量化到本集体经济组织成员。

鼓励在土地承包经营权确权登记颁证的基础上，采用土地承包经营权入股的方式，发展土地股份合作，实行适度规模经营。

集体经营性建设用地依法入市的，其入市收益作为集体资产可以折股量化到本集体经济组织成员，但不得直接分配给集体经济组织成员。

第二十八条　村集体经济组织开展股份合作，应当按照尊重历史、照顾现实、男女平等、群众认可的原则，进行清产核资、界定村集体经济组织成员身份，并设置和量化股权。

股份合作实施方案依照本条例第二十条规定征求意见后，应当报乡镇人民政府（街道办事处）进行合法性审查。乡镇人民政府（街道办事处）应当在七个工作日内完成审查工作，对不符合法律、法规规定的实施方案，应当告知村集体经济组织进行修改。

经审查认定符合法律、法规规定的实施方案，经本集体经济组织成员大会应到成员三分之二以上通过后方可实施。通过后的实施方案应当报县（市、区）农业主管部门和乡镇人民政府（街道办事处）备案。

第二十九条　村集体经济组织完成股份合作制改造后，由县（市、区）人民政府颁发村股份经济合作社证明书。

已经办理工商登记的村集体经济组织，应当凭村股份经济合作社证明书向县（市、区）工商行政管理部门办理变更登记。尚未办理工商登记的村集体经济组织，可以凭村股份经济合作社证明书向县（市、区）工商行政管理部门办理设立登记。

第三十条　折股量化到村集体经济组织成员的农村集体资产股权，为农村集体资产收益分配的依据，可以依法继承。

农村集体资产股权限于在本集体经济组织内部转让。法律、行政法规另有规定的，从其规定。

村集体经济组织每个成员通过折股量化和转让持有的农村集体资产股权不得超过本组织股权总数的百分之三。本条例施行前已经通过折股量化和转让持有的农村集体资产股权，纳入本条规定的比例核算；超过规定比例的部分可以继续持有，但不得再通过折股量化或者转让增加持有的比例。

第三十一条　县（市、区）人民政府应当建立农村集体资产信息化管理平台。开展股份合作的村集体经济组织的成员姓名及其股权等信息，由乡镇人民政府（街道办事处）在农村集体资产信息化管理平台上予以记载。农村集体资产股权依法继承、转让的，记载的相关信息应当及时予以变更。

第三十二条　农村集体资产当年的净收益应当在提取公积金、公益金后实行按股分红。公积金、公益金合计提取的比例不得低于净收益的百分之三十。公积金主要用于村集体经济组织发展生产、转增资本、弥补亏损等，公益金主要用于村级公共开支。

第三十三条　已撤村建居且符合下列条件的，村集体经济组织可以依照《浙江省村经济合作社组织条例》规定的程序予以终止：

（一）本集体经济组织成员集体所有的土地全部被征收；

（二）本集体经济组织成员全部纳入城乡居民社会保障体系；

（三）农村社区全部划入城镇建成区；

（四）社区基本公共服务实现城乡一体化和均等化。

村集体经济组织依照本条例规定终止的，可以改制为有限责任公司或者股份有限公司。

## 第六章　产权交易

第三十四条　县级以上人民政府应当加强农村产权交易市场建设，制定交易规则和管理办法，支持和监督资产评估、担保、公证等中介机构参与农村产权交易服务。

农村产权交易市场应当建立健全业务受理、信息发布、交易签约、交易中（终）止、交易（合同）鉴证、档案管理等制度，保障农村集体资产公开、公平、公正交易。

第三十五条　达到县（市、区）人民政府确定的标的额的农村集体资产交易，应当进入农村产权交易市场公开进行。

第三十六条　有下列情形之一的，应当进行农村集体资产评估：

（一）以入股、合资、合作等方式经营农村集体资产的；

（二）转让农村集体资产的；

（三）因村集体经济组织合并、分立需要调整农村集体资产权属的；

（四）因村集体经济组织终止需要处分农村集体资产的；

（五）法律、法规规定需要进行农村集体资产评估的其他情形。

第三十七条　农村集体资产评估应当委托具有资质的资产评估机构进行。

评估机构的确定应当经村集体经济组织成员大会或者成员大会授权的成员代表大会应到成员三分之二以上通过。

农村集体资产评估结果应当向本集体经济组织成员公示，公示时间不少于十五日。

经村集体经济组织成员大会或者成员大会授权的成员代表大会应到成员三分之二以上通过，村集体经济组织可以对农村集体资产设定保留价，并可以确定评估结果低于保留价的，暂停本条例第三十六条所列事项的实施。

## 第七章　审计监督

第三十八条　县（市、区）农业主管部门和乡镇人民政府（街道办事处）按照县（市、区）人民政府确定的职责分工，负责组织对本辖区内村集体经济组织的审计工作。县级以上人民政府审计机关应当加强审计业务指导。

县（市、区）农业主管部门和乡镇人民政府（街道办事处）可以委托有资质的第三方审计机构，对村集体经济组织进行审计。

有条件的村集体经济组织可以建立内部审计机构，组织开展审计工作。

第三十九条　县（市、区）农业主管部门和乡镇人民政府（街道办事处），应当对村集体经济组织的下列事项进行审计监督：

（一）财务管理制度的执行；

（二）资产、负债、损益和收益分配；

（三）承包、租赁、转让等合同的签订和履行；

（四）集体土地征收征用补偿费的分配和使用；

（五）公积金、公益金等农村集体专项资金的提取和使用；

（六）重大投资和工程建设项目及非生产性支出；

（七）村集体经济组织负责人任期目标和离任经济责任；

（八）县级以上人民政府及其审计机关指定的其他审计事项。

第四十条　村集体经济组织应当建立健全审计整改责任制，及时整改审计发现的问题。县（市、区）农业主管部门或者乡镇人民政府（街道办事处）应当督促村集体经济组织根据审计结果进行整改。

村集体经济组织应当将审计整改情况向县（市、区）农业主管部门和乡镇人民政府（街道办事处）报告。

除依法不应公开的外，村集体经济组织应当将审计结果和审计整改情况向本集体经济组织成员公开。

第四十一条　县级以上人民政府审计机关应当依法加强对村集体经济组织使用公共资金情况的审计监督。经本级人民政府批准，审计机关可以对村集体经济组织的财务收支情况进行审计监督。

## 第八章　保障措施

第四十二条　县级以上人民政府应当按照统筹城乡发展的要

求，加大对村级组织运转、村级公共事业以及基础设施建设与管理维护的转移支付力度。以政府投入推动的农村公共设施建设和城乡基本公共服务均等化项目，不得强制村集体经济组织安排配套资金。

第四十三条　县（市、区）人民政府应当将乡镇会计代理机构的办公条件、人员工资等所需经费，列入财政预算。有条件的县（市、区）人民政府也可以通过购买服务方式，确定为村集体经济组织提供会计代理服务的会计代理机构。

乡镇会计代理机构或者县（市、区）人民政府通过购买服务方式确定的会计代理机构，为村集体经济组织提供会计代理服务，不得向村集体经济组织收取费用。

第四十四条　村集体经济组织因名称变更或者合并、分立等原因办理非交易性质的产权变更手续，县级以上人民政府及其有关部门应当免收产权变更登记的相关费用。

## 第九章　法律责任

第四十五条　违反本条例规定的行为，法律、行政法规已有法律责任规定的，从其规定。

第四十六条　违反本条例第十六条第一款规定，村集体经济组织经民主决策程序，以本集体资产为其他单位和个人的债务提供担保的，由县（市、区）农业主管部门对村集体经济组织处五万元以上二十万元以下罚款；村集体经济组织经营管理人员未经民主决策程序，以本集体资产为其他单位和个人的债务提供担保的，由县（市、区）农业主管部门对相关经营管理人员处一万元以上五万元以下罚款，有违法所得的，并处没收违法所得。

违反本条例第十六条第二款规定，强制村集体经济组织捐款捐助或者向村集体经济组织摊派的，由有权机关按照管理权限责令限期改正，对直接负责的主管人员和其他直接责任人员依法给予处分。

第四十七条　违反本条例第二十三条规定，未建立财务会计档案管理制度或者不移交财务会计资料、财务印章的，由乡镇人民政府（街道办事处）责令限期改正；经责令移交仍拒不移交有关财务会计资料、财务印章的，由县（市、区）农业主管部门对直接负责的主管人员和其他直接责任人员处二千元以上二万元以下罚款。

第四十八条　违反本条例第二十五条规定，村集体经济组织未按时公开财务明细账目或者未按时公布重大财务事项的，由乡镇人民政府（街道办事处）责令限期改正；逾期不改正的，由县（市、区）农业主管部门对直接负责的主管人员和其他直接责任人员处一千元以上五千元以下罚款。

第四十九条　违反本条例第十一条、第十七条、第二十条、第三十七条规定，村集体经济组织经营管理人员行使相关经营管理职能时未履行民主决策程序的，由乡镇人民政府（街道办事处）责令限期改正，由县（市、区）农业主管部门对相关经营管理人员处一万元以上五万元以下罚款；有违法所得的，并处没收违法所得。

第五十条　各级人民政府及其有关部门的工作人员在农村集体资产监督管理工作中滥用职权、徇私舞弊或者玩忽职守的，由有权机关依法给予处分。

## 第十章　附则

第五十一条　本条例下列用语的含义：

（一）村集体经济组织执行机构和监督机构，是指《浙江省村经济合作社组织条例》规定的村经济合作社管理委员会和监督委员会，以及村股份经济合作社董事会和监事会。

（二）村集体经济组织成员大会和成员代表大会应到成员，是指有表决权的全体成员或者全体成员代表。

（三）集体经营性建设用地入市，是指集体经营性建设用地使用权按照依法、自愿、公平、公正以及与国有建设用地使用权同权同价的原则，以出让、出租、入股等有偿方式发生转移的行为。

第五十二条　本条例第四十六条至第四十九条及相应行为规范的规定，适用于乡镇（街道）集体经济组织和村内集体经济组织；本条例的其他条款，乡镇（街道）集体经济组织和村内集体经济组织可以参照执行。

第五十三条　本条例自 2016 年 5 月 1 日起施行。

# 十二、浙江省村经济合作社组织条例

## 第一章　总　则

第一条　为了稳定和完善以家庭承包经营为基础、统分结合的双层经营体制，维护村经济合作社及其社员的合法权益，促进农村集体经济发展，推进社会主义新农村建设，根据宪法和有关法律的规定，结合本省实际，制定本条例。

第二条　本条例所称的村经济合作社，是指在农村双层经营体制下，集体所有、合作经营、民主管理、服务社员的社区性农村集体经济组织。

第三条　本省行政区域内村经济合作社设立、分立、合并、运行、终止活动，适用本条例。

第四条　村经济合作社依法代表全体社员行使集体财产所有权，享有独立进行经济活动的自主权。尚未设立村经济合作社的，村集体财产所有权由村民委员会行使。

村集体所有的财产受法律保护，禁止任何单位和个人侵占、哄抢、私分、破坏村集体所有财产。

第五条　村经济合作社应当遵守宪法、法律、法规、规章和章程，尊重和维护社员、村内其他集体经济组织的合法权益。

第六条　村经济合作社应当接受乡镇人民政府（包括辖有村的街道办事处，下同）的监督，协助和配合村民委员会工作，为村级组织履职提供必要的经费，合理安排村公共事务和公益事业所需的资金。

村民委员会应当尊重和支持村经济合作社依法独立进行经济活动的自主权，保障村经济合作社及其社员的合法权益。

第七条　村经济合作社承担资源开发与利用、资产经营与管理、生产发展与服务、财务管理与分配的职能。

村经济合作社依法履行下列具体职责：

（一）保护管理村集体所有或者使用的土地和森林、山岭、荒地、滩涂等资源；

（二）经营管理村集体所有的资源性资产、经营性资产和公益性资产，组织各业集体资产的发包、租赁，拓展物业经营；

（三）提供社员生产经营和生活所需的服务；

（四）建立健全村集体资产经营管理、财务会计、民主理财、收益分配和产权制度。

第八条　各级人民政府应当鼓励和支持村经济合作社发展，在资金、用地、交通、供水、供电等方面制定具体措施予以扶持，并为其提供必要的公共服务。

各级人民政府应当按照依法、自愿、民主、公正的原则，鼓励和支持有条件的村经济合作社进行股份制改革。

第九条　省、市、县（区）人民政府农业农村主管部门负责本行政区域内村经济合作社的业务指导、服务和监督工作。

乡镇人民政府应当负责做好村经济合作社设立、选举、运行、终止的具体指导和服务工作。

财政、金融、市场监督管理、自然资源、水利、交通运输、林业、科技、电力、供水等部门和单位应当按照各自的职责做好相关扶持和服务工作。

## 第二章　设立和终止

第十条　村经济合作社应当具备下列条件：

（一）有符合本条例规定的社员；

（二）有符合本条例规定的章程；

（三）有符合本条例规定的组织机构；

（四）有符合法律、法规规定的名称和章程确定的住所；

（五）有集体资产。

第十一条　设立村经济合作社应当召开设立大会。设立大会应当有十八周岁以上具有选举权的社员过半数参加或者有三分之二以上户代表参加。所作决定须经应到社员或者户代表的过半数通过。

设立大会通过本社章程，选举产生村经济合作社管理委员会（以下简称社管会）成员、村经济合作社监督委员会（以下简称社监会）成员，审议其他重大事项。

第十二条　村经济合作社章程应当符合法律、法规、规章的规定。章程应当载明下列事项：

（一）名称和住所；

（二）职责范围；

（三）社员资格取得、保留及丧失条件；

（四）社员的权利和义务；

（五）组织机构及其选举和罢免、辞职的办法、职权、任期、议事规则；

（六）财务管理、资产和收益分配；

（七）章程修改程序；

（八）公告事项及发布方式；

（九）需要规定的其他事项。

第十三条　县级人民政府应当免费向村经济合作社颁发浙江省村经济合作社证明书。证明书颁发、审验、变更管理的具体工作，由县级人民政府农业农村主管部门负责。

证明书主要记载村经济合作社名称、住所、社长、集体资产、组织机构、社员等基本情况。

村经济合作社凭证明书办理组织机构代码证，按照有关规定刻制印章、开立账户、领购票据等。

浙江省村经济合作社证明书管理办法，由省人民政府农业农村主管部门制定，报省人民政府批准。

第十四条　村经济合作社以其资产为限，对合作社债务承担责任。法律、法规另有规定的，从其规定。

第十五条　村经济合作社可以向市场监督管理部门申请登记注册，取得法人营业执照。具体登记注册办法，由省人民政府市场监督管理部门商同省人民政府农业农村主管部门参照农民专业合作社登记办法制定。

第十六条　村经济合作社合并、分立、终止的，应当经社员大会应到社员三分之二以上表决通过，报乡镇人民政府核准，并报县级人民政府农业农村主管部门备案。

村经济合作社合并、分立或者终止时，应当依法清理债权债务，并办理相关的变更、注销手续。

## 第三章　社　员

第十七条　户籍在本村，符合下列条件之一，且遵守村经济合作社章程的农村居民，为本村经济合作社社员：

（一）开始实行农村双层经营体制时原生产大队成员；

（二）父母双方或者一方为本村经济合作社社员的；

（三）与本社社员有合法婚姻关系落户的；

（四）因社员依法收养落户的；

（五）政策性移民落户的；

（六）符合法律、法规、规章、章程和国家、省有关规定的其他人员。

第十八条　因下列原因之一户籍关系迁出本村或者被注销的，应当保留社员资格：

（一）解放军、武警部队的现役义务兵和符合国家有关规定的初级士官；

（二）全日制大、中专学校的在校学生；

（三）被判处徒刑的服刑人员；

（四）符合法律、法规、规章、章程和国家、省有关规定的其他人员。

第十九条　除本条例第十七条、第十八条规定以外的人员，履行村经济合作社章程规定义务，经本社社员（代表）大会表决通过的，可以成为本社社员或者保留本社社员资格。

社管会可以根据社员与本社集体财产关系提出收益分配的具体方案，经本社社员（代表）大会表决通过并报县级人民政府农业农村主管部门和乡镇人民政府备案后实施。

第二十条　村经济合作社应当编制社员名册，经公示无异议或者异议不成立的，报乡镇人民政府和县级人民政府农业农村主管部门备案。

第二十一条　社员依法享有下列权利：

（一）十八周岁以上未被剥夺政治权利的社员享有选举权、被选举权和表决权；

（二）享有对本社集体资产承包经营的权利；

（三）享有本社章程和社员（代表）大会决定的生产生活服务、收益分配、土地征收补偿费分配、宅基地使用和各项福利的权利；

（四）享有民主监督管理的权利；

（五）法律、法规、规章和章程规定的其他权利。

第二十二条　社员应当承担下列义务：

（一）遵守本社章程；

（二）执行本社各项决议；

（三）维护本社的合法权益；

（四）法律、法规、规章和章程规定的其他义务。

## 第四章　组织机构

第二十三条　社员大会是村经济合作社的权力机构，由本社十八周岁以上的社员组成，依照本条例和章程行使职权。

社管会是社员大会的执行机构，对社员大会负责。社管会成员由社员大会选举产生，社长可以由社管会在其成员中选举产生。社长或者其他代表合作社行使职权的负责人为法定代表人。

社监会是社员大会的监督机构，对社员大会负责。社监会成员由社员大会选举产生，社监会主任可以由社监会在其成员中选举产生。

第二十四条　村经济合作社可以设社员代表大会。社员代表大会经社员大会授权行使职权。

社员代表由社员大会在十八周岁以上有选举权的社员中选举产生，任期五年，可以连选连任。

社员代表可以与村民代表交叉任职。

第二十五条　社管会成员、社监会成员每届任期五年，可以连选连任。

社管会成员可以与其他村级组织领导成员交叉任职，但不得与社监会成员交叉任职。

第二十六条　社员（代表）大会每年至少召开一次。有十分之一以上有选举权的社员提议或者社管会、社监会提议，应当召开临时社员（代表）大会。

第二十七条　社员大会行使下列职权：

（一）通过、修改章程；

（二）讨论决定章程未明确的社员资格条件及保留、丧失社员资格的有关事项；

（三）选举、罢免社管会成员和社监会成员；

（四）听取、审查社管会和社监会工作报告；

（五）讨论决定经济发展规划、生产经营计划、基本建设投资计划、年度财务预决算和各业承包方案；

（六）讨论决定集体资产处置方案；

（七）监督财务管理工作；

（八）讨论审议本社的分立、合并、终止事项；

（九）讨论决定其他有关事项。

第二十八条　社管会行使下列职权：

（一）召集、主持社员（代表）大会；

（二）拟订本社经济发展规划、生产经营计划和集体资产经营管理方案；

（三）组织重大投资项目可行性论证并提出投资决策方案；

（四）拟订本社财务管理制度、财务预决算方案、收益分配方案和资产经营责任考核方案；

（五）执行社员（代表）大会通过的决议；

（六）负责日常社务管理工作。

第二十九条　社监会行使下列职权：

（一）监督本社章程的执行；

（二）监督社员（代表）大会决议的执行；

（三）监督社管会的职责履行及日常工作；

（四）审查本社财务并向社员公布审查情况。

社监会主任或者社监会成员代表有权列席社管会会议。

第三十条　社员大会选举、罢免社管会、社监会成员和对重大事项作出决定时，应当采用无记名投票。所作决定，须经应到社员过半数通过。

社员代表大会讨论决定社员大会授权的事项，须有三分之二以上社员代表参加会议方为有效。所作决定，须经应到会社员代表过半数通过。

社员（代表）大会表决本条例第十九条规定的事项，须经应到社员（代表）三分之二以上通过。

第三十一条　以威胁、贿赂、伪造选票等不正当手段，妨害社员行使选举权、被选举权，破坏村经济合作社选举的，社员有权向各级人民政府及其有关主管部门举报，有关机关应当负责调查并依法处理。

以威胁、贿赂、伪造选票等不正当手段当选的，其当选无效。

第三十二条　本社五分之一以上有选举权的社员联名，可以要求罢免社管会、社监会成员。

罢免社管会成员由社监会负责召集并主持社员大会投票表决，罢免社监会成员由社管会负责召集并主持社员大会投票表决。

罢免要求应当书面向社管会、社监会提出，写明罢免理由。被提出罢免的成员有权提出申辩意见。

社管会、社监会应当在接到罢免要求之日起三十日内召集并主持社员（代表）大会投票表决，社管会、社监会不召集的，由乡镇人民政府帮助组织召集。

第三十三条　社员大会有权撤销或者改变社员代表大会和社管会作出的不适当决定。社员代表大会有权撤销或者改变社管会作出的不适当决定。

第三十四条　社员（代表）大会决定的事项，不得与宪法、法律、法规、规章和国家政策相抵触，不得侵犯社员人身权利、民主权利和合法的财产权利。

社员（代表）大会决定的事项应当及时向社员公布，任何组织和个人不得擅自改变。

## 第五章　财务管理

第三十五条　村经济合作社应当执行农村集体经济组织财务、会计制度，并遵守有关财经法律、法规、规章。

第三十六条　村经济合作社推行会计委托代理制度。村经济合作社可以委托乡镇（街道）会计代理机构代理会计业务，但不得改变其资产所有权、使用权、审批权和监督权。

村内其他集体经济组织财务应当纳入村经济合作社管理，但不得改变其资产所有权、使用权、审批权、监督权。

第三十七条　村经济合作社应当实行财务公开和民主理财，按章程规定定期向社员公布财务状况。

第三十八条　县级以上人民政府农业农村主管部门和乡镇人民政府依法对村经济合作社财务进行审计监督。

## 第六章　法律责任

第三十九条　村经济合作社社员合法权益受到侵害的，各级人民政府应当依法处理；当事人也可以申请人民调解组织调解。

村经济合作社社员认为村经济合作社或者其负责人作出的决定侵害其合法权益的，可以依法向人民法院起诉，人民法院应当依法受理。

第四十条　单位和个人违反规定向村经济合作社收费、集资、罚款或者摊派的，由县级以上农民负担监督管理部门依法查处。

第四十一条　村经济合作社管理人员及会计委托代理人员滥用职权、玩忽职守、徇私舞弊，损害村经济合作社及其成员合法权益的，由县级以上人民政府农业农村主管部门、乡镇人民政府会同财政等有关部门依法处理。

第四十二条　任何单位和个人侵占、哄抢、私分、破坏村经济合作社财产的，依法查处；构成犯罪的，依法追究刑事责任。

## 第七章　附　则

第四十三条　村经济合作社示范章程，由省人民政府农业农村主管部门商同省人民政府市场监督管理部门制定。

第四十四条　其他社区性集体经济组织，包括乡镇集体经济组织和村内集体经济组织参照本条例执行。

第四十五条　本条例自 2008 年 1 月 1 日起施行。

# 第三篇

# 浙江省农业农村政策制度

# 十三、农村集体经济组织财务制度

## 第一章　总则

第一条　为加强农村集体经济组织财务管理，规范农村集体经济组织财务行为，巩固农村集体产权制度改革成果，保障农村集体经济组织及其成员的合法权益，促进农村集体经济发展，根据有关法律、行政法规，结合农村集体经济组织实际情况，制定本制度。

第二条　中华人民共和国境内依法设立的农村集体经济组织适用本制度。

第三条　农村集体经济组织应当建立健全财务管理制度，如实反映农村集体经济组织的财务状况。合理筹集资金，管好用好集体资产，建立健全收益分配制度和激励约束机制，加强财务信息管理，完善财务监督，控制财务风险，实现集体资产保值增值，推动集体经济发展。

第四条　农村集体经济组织财务活动应当遵循以下原则：

（一）民主管理。保障农村集体经济组织成员对财务活动和财务成果的知情权、参与权、表达权、监督权，实行民主管理和民主监督。

（二）公开透明。财务活动情况及其有关账目，重大经济事项等应当向全体成员公开。

（三）成员受益。保障全体成员享受农村集体经济发展成果。

（四）支持公益。农村集体经济发展成果应当用于村级组织运转保障、农村公益事业。

第五条　农村集体经济组织的财务活动应当依法依规接受乡镇人民政府（包括街道办事处，下同）和农业农村部门、财政部门的监督指导，接受审计等相关部门的监督。

第六条　建立健全农村集体经济组织负责人任期和离任审计制度，将新增债务作为重点审计内容。

## 第二章　财务管理主体及职责

第七条　农村集体经济组织财务管理工作应当在农村基层党组织领导下，由成员（代表）大会、理事会、监事会和会计人员等按规定履行职责。农村集体经济组织应当依法依规配备专（兼）职会计人员，也可以根据实际需要实行委托代理记账。

重大财务事项决策参照执行“四议两公开”机制，并报乡镇党委、政府或农业农村部门审核或备案。

第八条　成员（代表）大会的财务管理职责主要包括：

（一）审议、决定本集体经济组织内部财务管理制度、年度财务计划、重大财务收支事项、年度收益分配方案等；

（二）审议、决定本集体经济组织资金筹集、资产资源发包租赁、对外投资、资产处置等事项；

（三）审议、决定本集体经济组织主要经营管理人员薪酬，并对其实施监督和考核；

（四）对理事会和监事会年度财务管理、监督工作提出质询和改进意见；

（五）其他需要成员（代表）大会决定的重大财务事项。

第九条　理事会的财务管理职责主要包括：

（一）起草、执行本集体经济组织内部财务管理制度、年度财务计划、年度收益分配方案等；

（二）实施本集体经济组织资金筹集、资产资源发包租赁、对外投资、资产处置等经营活动，签订经济合同并督促合同履行；

（三）提出本集体经济组织主要经营管理人员薪酬的建议，决定其他工作人员薪酬；

（四）向成员（代表）大会报告年度财务执行情况；

（五）执行本集体经济组织章程规定及成员（代表）大会决定的其他财务事项。

第十条　监事会的财务管理职责主要包括：

（一）监督农村集体经济组织财务活动，组织开展民主理财；

（二）监督理事会、主要经营管理人员和会计人员履职行为，对损害本集体经济组织利益，违反法律、法规、行政规章、组织章程或者成员（代表）大会决议的财务行为提出质询和改进建议，对理事、主要经营管理人员和会计人员提出罢免或解聘建议；

（三）协助地方政府及有关部门做好对农村集体经济组织的审计监督工作；

（四）向成员（代表）大会报告年度财务监督情况；

（五）执行本集体经济组织章程规定及成员（代表）大会决定的其他财务监督事项。

第十一条　会计人员的财务管理职责主要包括：

（一）会计主管人员负责组织本集体经济组织的会计工作，审核本集体经济组织的财务会计报告，在财务会计报告上签名并盖章；

（二）会计人员负责本集体经济组织会计凭证审核及填制、会计账簿登记及核算、财务会计报告编制及报送、稽核、会计档案保管、财务公开等日常工作。配合开展集体资产年度清查、审计和调查工作。

## 第三章　资金筹集

第十二条　农村集体经济组织可依法依规采取多种形式筹集资金。筹集资金应当履行本集体经济组织决策程序，确定筹资方式、规模和用途，控制筹资成本和风险。

第十三条　农村集体经济组织从各级政府获得资金或其他资产

的，按照有关规定执行并接受监管。通过接受捐赠获得资金或其他资产的，应当及时入账，加强管理。

第十四条　农村集体经济组织采用“一事一议”方式筹资的，应当符合有关法律法规和政策要求，遵循量力而行、成员受益、民主决策、上限控制等原则，做到专款专用，确保资金用途的合法性、合理性和有效性。

第十五条　农村集体经济组织不得举债兴办公益事业；举债从事经营性活动应当纳入村级重大事项决策范围，参照执行“四议两公开”机制，并报乡镇党委、政府或农业农村部门审核或备案。

农村集体经济组织直接与社会资本合作从事经营活动的，应当在合同中明确权责边界及收益分配。

严禁将农村集体经济组织债务转嫁给地方政府。

## 第四章　资产运营

第十六条　农村集体经济组织应当按照有关法律、法规、政策以及组织章程加强现金、银行存款、应收款项、存货等流动资产管理，落实经营管理责任。严禁公款私存和私设小金库，加强票据管理，杜绝“白条”抵库。

第十七条　农村集体经济组织应当按照有关法律、法规、政策以及组织章程加强固定资产购建、使用、处置管理，落实经营管理责任，依法合规计提折旧。在建工程项目验收合格、交付使用后，应当及时办理竣工决算手续。

第十八条　农村集体经济组织应当按照有关法律、法规、政策以及组织章程加强集体的牲畜、林木等生物资产管理，做好增减、摊销、死亡毁损等核算工作，落实经营管理责任。

第十九条　农村集体经济组织应当按照有关法律、法规、政策明确无形资产权属及价值，纳入账内核算，落实经营管理责任，依法合规进行摊销。

第二十条　农村集体经济组织对外投资应当遵守有关法律、法规和政策规定，符合农村集体经济组织发展规划，履行民主程序，做好风险评估和控制，进行严格管理。

第二十一条　农村集体经济组织应当对发生产权转移的厂房、设施、设备等大宗资产及集体土地使用权，未纳入账内核算的、非货币资产对外投资的或其他特定目的的资产进行价值评估。

第二十二条　农村集体经济组织以出售、置换、报废等方式处置资产时，应当按照有关法律、法规和政策规定的权限与程序进行。发生的资产损失，应当及时核实，查清责任，追偿损失，并进行账务处理。

第二十三条　农村集体经济组织依法依规对外投资或进行集体资产转让、发包、租赁等情形时，应当签订书面合同，明确双方的权利义务，合理确定价格。

农村集体经济组织以及农村集体经济组织经营管理人员，不得以本集体资产为其他单位和个人提供担保。

## 第五章　收支管理及收益分配

第二十四条　农村集体经济组织生产销售、提供服务、投资收益、让渡集体资产资源使用权和政府给予的经营性补贴等形成的经济利益总流入，应当依法依规加强管理，做好账务处理。

第二十五条　农村集体经济组织用于经营活动、日常管理、村内公益和综合服务、保障村级组织和村务运转等各种支出，应当计入相应的成本费用，加强管理，严格执行审批程序。

第二十六条　农村集体经济组织收益分配以效益为基础，民主决策、科学分配，保障成员合法权益。

第二十七条　农村集体经济组织应当按照有关法律、法规、政策规定及组织章程约定的分配原则，按程序确定收益分配方案，明确分配范围、分配比例等重点事项，向全体成员公示。

第二十八条　农村集体经济组织可分配收益按以下顺序进行分配：

（一）弥补以前年度亏损；

（二）提取公积公益金；

（三）向成员分配收益；

（四）其他。

公积公益金按组织章程确定计提比例。

第二十九条　年终收益分配前，农村集体经济组织应当清查资产，清理债权、债务，准确核算年度收入、支出、可分配收益。

## 第六章　产权管理

第三十条　农村集体经济组织应当清查核实集体资产，明确资产权属，登记资产台账，编制资产负债表；建立成员名册和份额（股份）登记簿。

第三十一条　农村集体经济组织变更资产权属的，应当严格按照有关法律、法规和政策规定进行，并及时进行账务处理。

第三十二条　村庄撤并的，不得混淆集体财务会计账目，不得随意合并、平调集体资产。

## 第七章　财务信息管理

第三十三条　具备条件的农村集体经济组织与村民委员会应当分设会计账套和银行账户。

第三十四条　农村集体经济组织应当使用科学有效的方式采集、存储、管理和运用财务信息，逐步实现信息化管理，确保财务信息的真实性、完整性和可比性。

第三十五条　农村集体经济组织应当按照国家统一的会计制度有关规定编制年度财务会计报告，按要求报送乡镇人民政府和农业农村部门、财政部门。

第三十六条　农村集体经济组织应当建立财务公开制度，以易于理解和接受的形式公开财务信息，接受成员监督。

第三十七条　农村集体经济组织应当按照《会计档案管理办

法》等有关规定，加强会计档案建设和管理，做好会计资料的保管工作。

## 第八章　附则

第三十八条　依法代行农村集体经济组织职能的村民委员会、村民小组等参照执行本制度。

第三十九条　地方农业农村部门、财政部门可根据本制度，结合实际情况制定具体实施细则。

第四十条　本制度自 2022 年 1 月 1 日起施行。

# 十四、浙江省村级组织工作规则

## 第一章　总则

第一条　为深入贯彻落实新时代党的组织路线，坚持和加强党对农村工作的全面领导，聚焦忠实践行“八八战略”、奋力打造“重要窗口”，争创社会主义现代化先行省，着眼构建党建统领的整体智治体系，适应村党组织书记、村民委员会主任、村经济合作社社长“一肩挑”带来的深刻变革，深化推进以党组织为核心的村级组织建设，以乡村组织振兴推动乡村全面振兴，根据《中国共产党章程》《中国共产党支部工作条例（试行）》《中国共产党农村基层组织工作条例》《中华人民共和国村民委员会组织法》和《浙江省实施〈中华人民共和国村民委员会组织法〉办法》等有关法律法规和政策文件，结合浙江实际，制定本规则。

第二条　本规则所指的村级组织，主要是指村党组织、村民委员会、村经济合作社，以及村务监督委员会和共青团、妇联、民兵、调解、治保等组织或机构。

第三条　村级组织工作以习近平新时代中国特色社会主义思想为指导，坚持把政治建设放在首位，全面增强村党组织政治功能和组织力；坚持以人民为中心，着力提升村民群众的获得感、幸福感、安全感；坚持从严管理监督，推动全面从严治党在农村落实落地；坚持依法保障民主，促进村级组织规范高效有序运行；坚持数字赋能，健全党建统领的自治、法治、德治、智治相融合的基层治理格局。

## 第二章 职责定位和工作体制

第四条 紧扣农业农村现代化先行目标，适应新时代乡村建设要求，建立健全以村党组织为领导、村民自治组织和村务监督组织为基础、集体经济组织和农民合作组织为纽带、其他经济社会服务组织为补充的村级组织体系。

第五条 村党组织是中国共产党在农村的基层组织，全面领导隶属本村的各类组织和各项工作，讨论和决定本村经济建设、政治建设、文化建设、社会建设、生态文明建设和党的建设以及乡村振兴中的重要问题，领导本村社会治理，支持和保证村民委员会、村经济合作社，以及村务监督委员会和其他村级组织依法依规行使职权。村党组织应当加强自身建设，做好发展党员和党员教育管理工作，建好村组干部队伍。

村民委员会是村民自我管理、自我教育、自我服务的基层群众性自治组织，依法办理本村的公共事务和公益事业，排查化解矛盾纠纷，协助维护社会稳定，向人民政府反映村民的意见、要求和提出建议。

村经济合作社是社区性农村集体经济组织，依法代表全体社员行使集体财产所有权，承担资源开发与利用、资产经营与管理、生产发展与服务、财务管理与分配的职能。

村务监督委员会是村民对村务进行民主监督的机构，负责监督村务、财务管理等情况，受理和收集村民有关意见建议。

其他村级组织依据有关法律法规、政策规定和组织章程履行职责。

第六条 实行村党组织书记、村民委员会主任和村经济合作社社长“一肩挑”。村党组织书记应当通过法定程序担任村民委员会主任和村经济合作社社长。不适宜“一肩挑”的村，村党组织书记可由上级党组织选派优秀干部担任，村民委员会主任一般从符合条件的本村村民中选举产生。

第七条　推行村党组织和村民委员会、村经济合作社班子成员交叉任职。村党组织和村民委员会班子成员交叉任职应当有一定比例，但不宜全面交叉任职。鼓励村“两委”班子成员通过选举兼任村经济合作社管理委员会成员、村务监督委员会成员通过选举兼任村经济合作社监督委员会成员。其他村级组织负责人一般由村党组织、村民委员会成员兼任。交叉任职人选应符合有关法律法规和相关组织章程的要求，并履行规定程序。除中央和省委明确规定外，村党组织书记一般不兼任其他村级组织职务。

第八条　村党组织应加强对村级配套组织的人选把关。村共青团、妇联组织成员人选由村党组织审查后分别报乡镇团委、妇联批准，乡镇党委应加强指导把关。民兵组织负责人人选由村党组织提出，报乡镇党委审批。村集体（控股）企业负责人的人选，由村党组织提出建议方案，村务联席会议集体研究确定。

第九条　村党组织一般每半年听取 1 次村民委员会、村经济合作社，以及村务监督委员会等村级组织的工作汇报，并提出意见建议，必要时应随时听取汇报。

## 第三章　运行机制

第十条　村党组织委员会是村党组织日常工作的领导机构。村党组织委员会会议一般每月召开 1 次，根据需要可以随时召开，对村党组织重要工作进行讨论、作出决定。村党组织委员会会议须有半数以上委员到会方可进行。

第十一条　健全村党组织主导的村务联席会议制度。村务联席会议讨论研究和商议本村日常工作以及村党组织研究提出的议题，根据需要召开。联席会议由村党组织书记召集并主持，村“两委”班子成员参加；涉及村集体经济事项的，村经济合作社班子成员应当参加；不是村党组织班子成员的村务监督委员会成员列席。参加会议人数须超过应到会人数的三分之二。村党组织第一书记、农村工作指导员、乡镇联村干部应当到会指导。村务联席会议讨论决定事项时，赞成数超过应到会人数的半数为通过。

第十二条 村民（代表）会议由村民委员会召集。召开村民会议，应当有本村18周岁以上村民的过半数，或者本村三分之二以上的户的代表参加，所作决定应当经到会人员的过半数同意。村民代表会议每季度召开1次，应当有三分之二以上的组成人员参加，所作决定应当经到会人员的过半数同意。有条件的村，可探索召开户代表（户主）会议。

村民代表会议由村民委员会成员和村民代表组成，组成人员中村民代表应当占五分之四以上，妇女村民代表应当占三分之一以上，党员应当占一定比例。建立健全村民代表资格审查、教育培训、管理考核、不合格退出等工作机制。

第十三条 坚持民主集中制，建立健全村级班子集体领导、权责明晰、分工合理、齐心干事的制度机制。村党组织书记主持党组织全面工作，充分发挥带头人作用，督促村“两委”班子成员依法依规履行职责，应当敢于负责、作风民主，不搞“一言堂”；村民委员会主任在村党组织的领导下，负责村民委员会全面工作。村“两委”班子一般应设村党组织副书记和村民委员会副主任。村党组织副书记协助书记开展工作，一般应当分管党建工作、纪律检查、村务监督、群团建设等；村民委员会副主任的分工，应当从有利于健全党组织领导下的基层群众自治机制、发挥村民委员会功能出发确定；其他班子成员应当积极参与和维护集体领导，主动做好分工负责的工作。

第十四条 健全完善向上级请示报告制度。村党组织每年至少向乡镇党委作1次全面工作报告，对重要事情或遇到突发性重大情况，应当及时向乡镇党委请示报告。

## 第四章 重大事项议事决策

第十五条 村级重大事项实行民主决策，依法依规实行“五议两公开”。村级重大事项主要包括：

（一）村经济发展和社会治理规划及年度计划，美丽乡村建设规划；

（二）村民自治章程、村规民约和村经济合作社章程的制定和修订；

（三）村级财务预决算，大额集体资金使用，集体举债，集体资金出借；

（四）道路、桥梁、水利等村级公益事业的兴办和筹资筹劳，村集体经济项目的立项、承包、招投标；

（五）集体资产处置，包括土地、房屋、林地等集体资产的承包租赁，宅基地的安排和使用，村集体经营性建设用地处置，股份合作制改革和集体企业的改制。

（六）上级扶持资金的使用，村级收益分配，村安置房的分配，征用、征收土地各项补偿费的分配和使用。

（七）被征地农民参加基本养老保险等政策落实人员的确定；

（八）领取村干部工作报酬和误工补贴的人数及标准；

（九）涉及村集体和村民利益的其他重大事项。

第十六条　“五议两公开”的一般程序是：

（一）党员群众建议。村党组织积极发挥党员联系服务群众作用，采取上门走访、入户听声等方式，广泛听取群众对重大事项的意见建议。

（二）村党组织提议。根据党员群众意见建议，村党组织集体研究提出议案。

（三）村务联席会议商议。召开村务联席会议，对议案进行充分讨论和论证，形成商议意见。村务联席会议讨论重大事项，一般应提前通知应当参会和列席的全体人员。村务联席会议决定重大事项时，应当进行表决。

（四）党员大会审议。村党组织通过民主恳谈、村民说事等途径，充分征求对议案的意见，提交党员大会审议。审议通过后，组织党员干部深入农户做好宣传。

（五）村民（代表）会议决议。在村党组织领导下，由村民委员会召集村民（代表）会议，对议案进行讨论并表决，村务监督委员会成员应当列席会议。对涉及村集体经济事项的，还应召开社员（代表）会议进行讨论表决。

（六）表决结果公开。经村民（代表）会议或社员（代表）会议表决通过的事项，形成书面决议，及时进行公告。

（七）实施情况公开。决议事项在村党组织领导下，由村民委员会或村经济合作社组织实施，由村务监督委员会、村经济合作社监督委员会全程监督，实施结果及时向全体村民（社员）公开，公开内容要全面、真实、准确。

第十七条　村民（代表）会议或社员（代表）会议依法形成的决议不得随意更改，确需更改的，应按相关规定和程序进行。对需要审批的村级重大事项，未经“五议两公开”程序进行决策的，乡镇和有关部门不予审批，所涉及项目资金不予拨付。

## 第五章　管理和监督

第十八条　紧盯农村集体“三资”管理、村级工程项目建设、惠农政策落实等重点领域，全面推行村级小微权力清单制度，健全落实村级权力运行监督机制。

规范村级财务管理。加强村级财务预算管理，严格控制村级非生产性开支，财务支出事项应当经村务监督委员会审查。村级财务支出严格执行村党组织书记、村民委员会主任、村经济合作社社长和村务监督委员会主任联审联签制度。实行“一肩挑”的村，村民委员会副主任参与联审联签；不设副主任的村，由村务联席会议研究确定 1 名村民委员会班子成员参与联审联签。数额较大的财务支出，由村务联席会议讨论通过后联审联签；数额巨大的，在联审联签前须提交村民（代表）会议或社员（代表）会议审议，报乡镇审核把关。数额较大和数额巨大的标准，由乡镇人民政府会同县级农业农村、财政部门确定。完善会计委托代理制度，规范“村账乡管”，探索创新资产量较大村的财务管理模式。

规范农村集体资产管理。建立村集体资产明细台账，每年开展 1 次清产核资。村集体土地承包经营管理、宅基地审批、集体物业转让租赁、村集体经营性建设用地入市，必须严格按照有关法律法规执行。村的各业承包经营或发包租赁项目，都应依法签订书面合同。签订经济合同，由村经济合作社履行法律手续，并监督合同的执行。村集体不得以本集体资产为其他单位和个人的债务提供担保。

规范村级建设工程和项目管理。村级工程项目建设以及较大工程项目维修，应实行公开招标承包。村党组织、村民委员会、村经济合作社以及村务监督委员会班子成员及其近亲属、近姻亲属不得参与或变相参与本村工程项目的投标、承包。

规范印章管理。村党组织印章由组织委员管理，不设委员会的党支部由书记管理。村民委员会和村经济合作社印章由村文书（报账员、出纳）管理。村经济合作社财务专用章由乡镇会计代理机构管理，法人章由村经济合作社社长管理。村务监督委员会印章由村务监督委员会主任以外的指定成员保管。村民委员会主任、村经济合作社社长调整的，调整期间村民委员会和村经济合作社印章由乡镇人民政府保管。除指定人员外，其他人员不得管理印章。严格印章使用审批备案。

规范党务、村务、财务公开。对列入党务公开目录的事项，应定期向党员群众公布，重大事项根据实际随时公布。一般性村务事项至少每季度公开 1 次，涉及村民群众切身利益的事项应当随时公布。村级财务收支情况至少每季度公开 1 次，财务往来较多的，应当每月公开 1 次。积极推行数字电视、手机 App、微信等公开方式。村务、财务公开事项，应由村务监督委员会事先进行审查。

第十九条　严格村干部管理监督，构建管入口、管履职、管作风、管纪律的全链条严管体系。村党组织书记纳入县级党委备案和统筹管理，人选应当从政治素质过硬、责任担当过硬、治理能力过硬、作风品行过硬的优秀党员中选拔，在乡镇党委直接管理基础上，由县级党委统筹加强选任把关、履职管理、教育培训和激励保障。

健全落实村干部资格条件常态化联审机制，按照“四过硬五不能六不宜”标准，严格村干部候选人（自荐人）资格条件乡镇初审、县级联审，坚决把受过刑事处罚、存在“村霸”和涉黑涉恶问题，以及非法宗教的组织者、实施者、参与者等不符合条件人员挡在门外。

全面实行村级班子成员任职回避，村党组织、村民委员会、村经济合作社各班子内和各班子间成员存在夫妻、父母、子女、兄弟姐妹关系的，应实行任职回避；“一肩挑”人员应与其配偶、父母、子女、兄弟姐妹、祖父母、外祖父母、孙子女、外孙子女实行任职回避；村民委员会成员及其近亲属、村经济合作社社长不得担任村务监督委员会成员。村文书（报账员、出纳）等人选，应与村党组织、村民委员会、村经济合作社，以及村务监督委员会成员之间没有夫妻、父母、子女、兄弟姐妹关系，人选应由村党组织提出，经村务联席会议研究后，提交村民（代表）会议或社员（代表）会议通过后，报乡镇人民政府批准。

加强履职管理。完善村干部值班坐班、请销假制度。健全落实“四必到、四必访”、网格化管理、“红色代办”等直接联系服务群众机制，全面开展“包网入户”行动，每名村干部包联 1 个以上网格，每年至少走访网格内所有住户 1 次以上。完善任期和年度任务目标考核，推行村干部考核与党员群众评价相挂钩制度。

加强不合格村干部教育处置。实行村干部底线管理，对存在岗位不胜任、干事不担当、工作不作为、群众不满意等情形的，由乡镇党委实行“停职教育”，经教育拒不整改的及时调整。深化竞职承诺、干事承诺、辞职承诺制度，村干部违反承诺事项的，应按照规定程序主动辞去职务。调整“一肩挑”的村党组织书记或交叉任职的村党组织班子成员，应当依法依规调整其在村民委员会、村经济合作社、村务监督委员会中兼任的职务。

第二十条　做实村务监督委员会制度。村务监督委员会主任原则上由村党组织副书记兼任，村党组织设纪委的原则上由纪委书记兼任，不设副书记或纪委书记的原则上由纪检委员或负责纪检工作的党组织班子成员兼任，村党组织书记不得兼任。兼任村务监督委员会主任的党组织班子成员，不得分管或负责财务资金、工程项目、资产管理等与履行监督职责有关的事项。

村务监督委员会依法行使知情权、质询权、审核权、建议权和主持民主评议权，重点加强对村务决策和公开情况、村级财产经营管理、村级工程项目建设、惠农政策措施落实等的监督。村务监督委员会一般应每月召开 1 次例会，每半年向村党组织汇报 1 次村务监督情况，每年向村民（代表）会议报告 1 次工作。健全制约有效、务实管用的监督制度，推行村民委员会主任定期报告村务财务制度。

强化基层纪检监察组织与村务监督委员会的沟通协作、有效衔接。推进村监察工作联络站建设，充分发挥村务监督委员会和村监察工作联络站一体运作、合力监督优势，强化“一肩挑”后村级权力的有效监督。压实村务监督责任，对村干部违纪违法、失职失责和村务管理出现严重问题的，视情倒查村务监督委员会主任和村监察工作联络站负责人责任。

第二十一条　完善监督方式和渠道，健全党内监督、群众监督、舆论监督、数字监督相结合的监督体系，建设清廉村居。开展“双述双评”，村党组织书记、村民委员会主任每年要向乡镇党委、本村全体党员和村民（代表）述职述廉，并与村“两委”班子其他成员一起接受本村党员大会、村民（代表）会议的民主评议。连续两次被评议为不称职的村级组织班子成员，其职务自行终止，职务调整程序按照有关规定办理。强化审计监督，推行村级财务收支审计、村干部经济责任审计、离任审计和专项审计。实行县级对村巡察全覆盖，县级党委 1 个届期内对辖区内所有村巡察 1 次。推进数字监督，建立健全“阳光村务”监督平台，实行村干部资格条件“云联审”，推行村务财务“云公开”监督。

## 第六章　领导和保障

第二十二条　各级党委特别是县级党委应当坚持抓乡促村，深入实施“百县争创、千乡晋位、万村过硬”工程，推进村级班子整固提升、后进村党组织整转，高标准落实农村基层党建“浙江二十条”，推动整乡推进、整县提升。县级班子成员应当包乡走村，探索县委召开村党组织书记工作交流会制度。乡镇党委应当全面落实抓村级组织建设的直接责任，深化“走村不漏户、户户见干部”，引导推动乡镇干部包联到户驻村指导。把履行抓村级组织建设责任情况，纳入巡视巡察范围和市县乡党委书记抓基层党建述职评议考核内容，作为市县乡领导班子综合评价和领导干部选拔任用的重要依据。对村级组织建设重视不够、落实不力的，应当及时提醒、约谈；出现严重问题的，应当严肃问责追责。

第二十三条　坚持落实“三真”、关爱基层，推动“干部为事业担当、组织为干部担当”良性互动。全面推行“导师帮带制”，依托县乡党校、基层干部培训基地等，发挥优秀乡村干部特别是党组织书记传帮带作用。分级分类全覆盖开展村干部轮训培训，县级党委每年至少对村党组织书记培训 1 次。持续开展兴村名师推选认定，定期评选表彰“担当作为好支书”。注重从优秀村干部中招考乡镇公务员、招聘乡镇事业单位工作人员，加大面向优秀村党组织书记选拔乡镇领导干部工作力度。落实村干部基本报酬，建立村干部养老保险保障机制，关心保障正常离任村干部生活。建立健全澄清正名、容错纠错等制度机制。

第二十四条　持续为村级组织赋能减负。各级党委、政府应强化对村级组织政策资源供给，推动资源力量下沉农村一线。推进全域党建联盟建设，统筹整合农村发展资源，构建片区化、组团式乡村发展格局。加强村级组织后备力量储备培养，注重从在外优秀人才、农村致富能手、退役军人、回乡大学生等人员中培养村级后备人才。坚持深化第一书记和农村工作指导员制度，实现对重点村派驻全覆盖。加快推进“数字乡村”建设，数字赋能村级治理。持续整治形式主义问题，健全落实村级事务准入机制，切实减轻村级组织负担。

第二十五条　健全以财政投入为主的稳定的村级组织运转经费保障制度，建立正常增长机制。巩固提升村级集体经济，完善村级集体经济治理机制。落实村级组织办公经费、服务群众经费、党员活动经费。持续推动村级组织活动场所建设提升，统筹整合阵地资源，规范标识、挂牌，发挥办公议事、党群活动、教育培训、便民服务等综合功能。

## 第七章　附　则

第二十六条　街道党工委、办事处参照本规则对所辖村履行相关职责。

第二十七条　本规则由中共浙江省委、浙江省人民政府负责解释，具体工作由省委办公厅、省政府办公厅商省委组织部、省纪委省监委、省民政厅、省农业农村厅承担。

第二十八条　本规则自发布之日起施行。2011 年 9 月 14 日省委办公厅、省政府办公厅印发的《浙江省村级组织工作规则（试行)》同时废止。

# 十五、浙江省《村级集体经济巩固提升三年行动计划》

发展村级集体经济，是巩固完善农村基本经营制度的重要内容，是推进乡村振兴战略的重要举措，是加强农村基层组织建设和巩固党执政基础的重要保障。2017 年以来，全省各级各部门大力推进消除集体经济薄弱村三年行动计划，村级集体经济得到长足发展，但“消薄”成果尚不稳固。为进一步巩固提升“消薄”成果，完善村级集体经济治理机制，特制定村级集体经济巩固提升三年行动计划。

## 一、总体要求

（一）指导思想。以习近平新时代中国特色社会主义思想为指导，深入贯彻党的十九大和十九届二中、三中、四中、五中全会精神，忠实践行“八八战略”、奋力打造“重要窗口”，大力实施新时代“三农”工作“369”行动，以村级运转收支平衡为基本目标，坚持党的领导，坚持市场化改革导向，坚持落实社员知情权、参与权、监督权、受益权，推动村级集体经济发展定位向整体提升转变、经营机制向市场化转变、发展方式向增强造血功能转变、管理手段向数字化转变，建立健全长效发展机制，全面振兴新型农村集体经济，进一步巩固社会主义现代化建设基层基础。

（二）目标任务。通过三年努力，村级集体经济组织体系更加健全、治理机制更加完善、收入结构更加优化、财务管理更加规范，政策体系全面形成、长效机制全面建立、发展质量全面提升，市场化经营机制进一步定型、经营性收入占比进一步提高，村级收支实现基本平衡。到2022年底，全省集体经济年收入达到20万元以上且经营性收入达到10万元以上的行政村实现基本覆盖，年经营性收入50万元以上的行政村占比达到40%以上。到2025年底，全省年经营性收入50万元以上的行政村占比达到50%以上。

## 二、发展举措

（三）强化党建引领。全面加强村党组织对村级集体经济发展的领导，推进村党组织书记通过法定程序担任村级集体经济组织负责人，村级集体经济组织决定重要事项前，须经村党组织研究讨论。以实施“百县争创、千乡晋位、万村过硬”工程为抓手，深入推进农村基层党建“整乡推进、整县提升”，强化村级集体经济发展的组织保障。选优配强过得硬、懂经营、善带富的“领头雁”队伍，充分发挥兴村名师、“担当作为好支书”作用，提升村干部发展集体经济的能力。探索实施将村级集体经济发展情况与村干部绩效考核奖励挂钩制度。

（四）巩固“消薄”成果。各地要对消除集体经济薄弱村工作开展“回头看”，及时对容易“返薄”的村进行摸排识别，逐村加强帮扶整固。对年经营性收入8万元以下的村，开展集体经济收入动态监测，加强项目帮扶，防止“返薄”。采取多种措施应对新冠肺炎疫情影响，推动集体经济持续发展。坚持时间服从质量，不脱离实际赶进度，不变相兜底保一时，不搞“数字摘帽”。经济发达地区要结合实际确定本地区集体经济增收标准。

（五）推行村庄经营。推广杭州市临安区村庄经营做法，鼓励片区组团、联盟、联合等发展模式，积极探索党组织领导、公司化经营、经理人运作、老百姓受惠的经营机制。有条件的地方可探索通过对外投资设立市场化的控股公司或对外参股，参与竞争性的市场经营活动。推广组建强村公司做法，鼓励通过项目开发等方式整合域内优质资源，助推村级集体经济增收。支持村级集体经济组织以自主开发、合资合作、投资入股等方式，盘活农村集体资源资产。

（六）推广“飞地”抱团。依托基础好、有前景的园区、开发区、特色小镇、小微企业园等平台，以市场化为导向，优先安排村集体经济“飞地”抱团项目。统筹组织协调本区域内“飞地”抱团项目，积极发展跨村、乡、县、市的“飞地”抱团项目。发挥村级集体经济组织主体作用，引导村集体和农民通过自筹资金、腾退“低散乱”建设用地折价等方式入股“飞地”抱团项目。支持组建抱团项目管理公司，进行统一规划、统一建设、统一核算、统一经营、统一管理，明晰各村产权或股份，保障村级集体经济组织利益。

（七）推进“两进两回”。鼓励聘请职业经理人，引入有实力、懂农村、善经营的团队，推进村庄市场化经营。吸引青年、乡贤返乡回乡，以投资、入股等方式依法依规参与村级集体经济项目建设。实施科技特派员扎根计划，实现相对薄弱村派驻全覆盖，推动科技特派员带着项目、资金、技术和成果服务村级集体经济发展。选聘一批农技员，针对种植业、林业、畜牧业、渔业等领域开展定点指导，为相对薄弱村产业发展提供技术服务。挖掘农村能工巧匠，鼓励发展乡村手工业，组建一批传统技艺工坊、乡村文创平台等，带动村集体经济增收。

（八）创新增收模式。加强规划引领，统筹推进村级集体经济、特色农业、乡村产业等协同发展。因地制宜发展农村新产业新业态，推广农旅结合、混合经营等模式，大力发展乡村夜间经济、“村播经济”“山谷经济”、非接触经济。支持培育具有地域特色的农产品品牌，形成“一村一品”“一乡一业”，推动村集体经济融入地域产业链条。探索以集体资产预期收益为标的的期权模式，推广衢州市柯城区“一村万树”绿色期权经验，实现村集体小周期变现增收和资本金积累。大力发展物业经济，鼓励以集体经营、合作经营等多种方式，在经济条件较好的地区建设或投资商业用房、标准厂房、停车场等经营性物业。把城市人口疏散基地、疏散干道建设与农村防空、防灾、旅游、医疗、文化、服务、餐饮、通村公路结合起来，助力村级集体经济多形式发展。

（九）拓展服务功能。鼓励村级集体经济组织向家庭农场、农民合作社、农业龙头企业等经营主体提供全链条的社会化服务，或依托各级农业技术服务团队和科研力量开展技术指导服务实现增收。鼓励村级集体经济组织组建劳务合作社或劳务中介公司，承接社区服务、公路养护、绿化管护、家政服务、企业后勤等中介工作。鼓励村级集体经济组织成立物流运输、市场推广、物业管理等专业服务公司，提供生产生活资料供应、市场营销、维修管护等服务。支持村级集体经济组织在符合资质等相关条件的情况下组建工程施工企业，承接农村交通、水利等工程。

（十）释放改革红利。用好用活农村集体建设用地，依法稳妥有序推进集体经营性建设用地入市，建立产权流转和增值收益分配制度，盘活闲置或低效使用的办公用房、会堂、校舍、卫生室等集体资产。探索宅基地“三权分置”，推广“激活闲置农房”做法，盘活闲置宅基地、闲置农房等资源资产，增加村集体经济收入。依法依规探索农民土地承包权、宅基地使用权、集体收益分配权自愿有偿退出机制，按规扩大农村承包土地经营权和林权抵押贷款覆盖面。完善农村产权流转交易体系，建立农村产权评估、价格发现机制，进一步搞活农村集体产权权能。

（十一）深化结对帮扶。实施千个单位扶千村、千个企业结千村、千个侨团（企）帮千村“三千”帮扶专项行动，组织各级机关事业单位、企业、侨团等采取多种举措帮扶壮大村级集体经济。打造山海协作升级版，用好山海协作“消薄飞地”等平台，落实产业开发、基础设施、公益事业等集体经济项目。切实发挥结对帮扶工作队作用，推动各级机关资源力量下沉，实现相对薄弱村派驻村第一书记、农村工作指导员、科技特派员全覆盖。鼓励强村和弱村结对共建，通过项目建设、人员互派、资源共享等实现优势互补、互利共赢。

（十二）加强数字应用。建立省、市、县、乡、村五级联网的农村集体经济数字管理系统，实现动态管理、统计分析、实时监管、智能预警。加快大数据、物联网、人工智能、区块链、5G等现代信息技术的应用推广，为集体经济发展提供数字支撑。支持村集体与电商企业合作搭建特色农产品、手工艺品、农家小吃等线上宣传、展示、交易平台，带动特色种养业、加工业和包装、仓储、物流等产业发展。

（十三）规范组织运行。进一步完善村级组织工作规则，建立健全村党组织领导的村级组织运行机制。依法确立村级集体经济组织特别法人地位，全面完成村级集体经济组织赋码登记。深化村经济合作社股份合作制改革，完善村经济合作社章程，有效发挥村经济合作社成员大会、管理委员会和监督委员会的作用，规范集体经济组织成员界定、重大事项民主决策、集体资产股份量化、集体资产股权管理等运行机制。

## 三、优化政策

（十四）加强财政支持。落实好中央财政扶持村的配套资金和项目，确保完成增收任务。鼓励村级集体经济组织承接强农惠农资金项目和政府购买服务，发展壮大村级集体经济。投入集体经济发展项目的财政资金所形成的资产产权相应比例划归村集体所有。对村集体兴办、参办的各类经营性项目，地方财政可采取以奖代补等方式对项目建设给予支持。稳步提升村级组织运转等转移支付水平，落实村级公益事业建设一事一议财政奖补政策，允许将奖补范围扩大至发展村级集体经济的经营类基础设施项目，健全奖补挂钩激励机制。

（十五）加强税费优惠。符合条件的村级集体经济组织，可按规定享受支持农业农村和小微企业发展的税收优惠政策。对村级集体经济组织从县级以上财政部门及其他部门取得的应计入收入总额的财政性资金，凡符合国家税收有关规定的，可作为不征税收入，在计算应纳税所得额时从收入总额中减除。经统一社会信用码赋码登记的村级集体经济组织纳入税务管理，可根据经营需求参照企业开具增值税专用发票。对村集体建设农民集中居住点、人才公寓、民工公寓等公益性物业，鼓励适当减免水电、通讯、广播电视等设施建设安装（预埋）费用。对省定集体经济相对薄弱村投资兴建的物业项目，免收不动产登记费、人防工程易地建设费。

（十六）加强土地供给。科学编制国土空间规划，统筹安排落实发展村级集体经济所需用地指标，各县（市）应安排不少于当年新增建设用地计划指标的3%，用于村级集体经济发展项目，并优先向相对薄弱村倾斜。开展城乡建设用地增减挂钩项目，对宅基地复垦新增的耕地，由村级集体经济组织按照规定用途管理和使用，经批准可将节余的建设用地指标调剂到城镇建设使用，其土地增值收益按有关规定缴入国库后，可通过预算或结算安排支出的方式专项扶持村级集体经济发展。涉及集体经济“飞地”项目的，两地政府应在城乡建设用地增减挂钩节余指标、耕地占补平衡指标等方面给予合作支持。村级集体经济组织建设农业生产、加工、经营、服务设施的，享受与新型农业经营主体同等的各项用地优惠。严格落实村级留用地政策，农村集体土地依法被征收为国有土地的，应按不低于被征收土地面积5%的比例，为被征地村安排集体经济发展留用地，或以留用地指标折算为集体经济发展资金等形式予以补偿。

（十七）加强金融服务。加大集体经营性项目信贷投放力度，鼓励金融机构对集体经营性项目按贷款市场报价利率（LPR）提供贷款，并开通绿色通道。健全完善政策性农业信贷担保体系，完善服务功能，在符合政策导向和业务范围前提下，积极为村级集体经济组织提供政策性融资担保服务。鼓励金融机构拓宽农村抵质押物范围，积极推广农村承包土地经营权抵押贷款、活体畜禽抵押贷款和林权抵押贷款，稳妥探索开展集体资产股份抵押贷款等业务，拓宽村级集体经济融资渠道。支持村级互助担保组织建设，提高农户小额贷款惠及面。

（十八）加强人才支撑。把集体经济组织负责人作为农民教育培训、农村实用人才培训和村干部轮训的重点对象，提高其集体资产管理、对外合作经营等能力。加强村级后备人才队伍培养，注重在推动集体经济发展中发现和使用人才。加强县乡农经队伍建设，畅通职务职级晋升、职称评定、人才流动通道，推进农村合作组织管理专业农业技术职称评审和人才培养使用。创新选人、用人和人才激励机制，建立村级集体经济发展与村干部报酬挂钩机制。

## 四、完善机制

（十九）完善收益分配机制。建立基于农村集体资产所有权的收益分配机制，发挥农民群众主体作用，加强村级组织民主理财、民主管理，保障群众知情权、参与权、监督权和受益权。村级集体经济组织根据有关法律制度和组织章程规定，提取不少于30%的集体经济收益作为公积金、公益金后，实行集体成员按股权分红。按照农户享有的集体经济股份份额进行年度收益分配，实行同股同权、同股同利。

（二十）完善资产监管机制。健全村级集体经济组织内部经营管理与监督相分离的制约机制，严格落实农村集体资产清产核资制度、村级财务审计制度、集体资产和财务管理公开制度等规定。充分发挥村务监督委员会对农村集体资产的监督职能，严格执行村务、财务公开制度，规范公开内容和程序。推行农村小微权力清单制度，健全集体资产监管问题移交、定期通报和责任追究制度，杜绝农村“微腐败”发生。建立健全农村集体资产保护机制，严厉打击垄断农村资源、侵吞集体资产行为。用好行政村规模调整成果，稳妥做好集体资产融合工作。乡镇（街道）要加强对农村集体资产的监督、指导服务和权益维护等工作。

（二十一）完善风险防控机制。建立集体经济发展项目储备机制，加强摸底调查、评估论证。探索多元化的发展模式和增收机制，分散投资经营风险。探索建立投资经营分析评价机制、投资经营风险评估预警机制、合作经营主体信用评级机制和集体经济经营管理风险保障金制度，设置风险红线和退出机制，防止资金流失和资产损失。建立村级债务监测预警机制和定期通报制度，合理确定债务监测指标和债务警戒线，加强对村级债务风险的评估和监控，有效化解村级债务。

## 五、保障措施

（二十二）加强组织领导。省消除集体经济薄弱村工作领导小组成员单位要按照职责分工，各负其责、密切协作，共同巩固提升村级集体经济。各市、县（市、区）党委和政府要切实负起巩固发展村级集体经济的主体责任。各市党委和政府要统筹谋划推进本地区集体经济发展工作，加强督促指导。县乡党委和政府要抓好组织落实。

（二十三）精心组织实施。各县（市、区）要确定牵头负责人、责任部门、支持项目、发展计划、经营团队等，建立工作专班，因地制宜、分类施策，制定集体经济巩固提升行动方案，并报送省消除集体经济薄弱村工作领导小组。乡镇（街道）要逐村制定增收计划，明确任务书、施工图、时间表和责任人，建立工作台账，实行销号管理。

（二十四）强化督查考核。把村级集体经济发展工作纳入全省乡村振兴战略实绩考核，纳入县级党委政府主要负责人和领导班子综合考核评价的重要内容，纳入市县乡党委书记抓基层党建述职评议考核。对开展工作措施不力、政策落实不到位、任务未完成或弄虚作假，造成恶劣影响的，党政主要负责人原则上不予提拔使用。对工作中表现优秀、成效突出的单位和个人，按省有关规定给予鼓励。

# 十六、浙江省农业农村厅《关于加强农村集体资产管理的意见》

各市、县（市、区）农业农村局：

农村集体资产是社会主义生产资料公有制在农村的主要表现形式，是发展农村经济和实现农民共同富裕的重要物质基础。为探索农村集体所有制有效实现形式，创新农村集体经济运行机制，维护农村集体经济组织和农民群众合法权益，现就加强农村集体资产管理提出如下意见：

## 一、总体要求

（一）指导思想。以习近平新时代中国特色社会主义思想为指导，深入贯彻落实党的十九大和十九届历次全会以及省委十四届九次全会精神，以维护农村集体经济组织及其成员合法权益为根本，以提升集体资产运营质量和效率为主线，以组织规范化、管理制度化、运行阳光化、监督数智化、体系集成化为路径，形成产权清晰、权责明确、经营高效、管理民主、监督严格的农村集体资产管理体制和运行机制，不断发展壮大集体经济，努力促进集体资产保值增值，为高质量发展建设共同富裕示范区提供有力支撑。

（二）目标任务。到 2025 年，农村集体资产规范管理体系全面建成，基本建立与市场经济接轨的产权清晰、权责明确、利益共享、保护严格的现代农村集体经济产权制度，运转规范、监督有力的内部监管制度和公平、开放、流动、竞争的集体经济市场化经营机制，资产管理数字化应用、任期内集体经济审计、财务过程结果阳光公开等实现全覆盖，全省集体经济年收入30万元且经营性收入15万元以下行政村基本消除，年经营性收入50万元以上行政村占比达到50%以上。

## 二、完善农村集体资产产权体系

（三）明晰资产性质。农村集体资产包括农村集体经济组织成员集体所有的土地、森林、山岭、草原、荒地、滩涂、水域等资源性资产，用于生产经营的建筑物、构筑物、设施设备、库存物品、各种货币资产以及债权、股权等经营性资产，用于教育、科学、文化、卫生、体育等公益事业的非经营性资产，以及其他有形和无形资产。农村集体资产按状态可分为非货币化资产和货币化资产。农村集体经济组织经营性资产股份合作制改革量化的份额为集体收益分配的依据，其性质为集体所有权派生的收益权的实现形式。

（四）明确行使主体。农村集体资产属于农村集体经济组织成员集体所有，并依法由农村集体经济组织代表成员集体行使所有权。属于村集体经济组织成员集体所有的，由村经济合作社代表社员集体行使所有权；属于组（队）集体经济组织成员集体所有的，可由村民小组或委托村经济合作社代表集体行使所有权。撤村建居地区有集体统一经营资产的社区，应保留村经济合作社，并在社区党组织领导下按照法律法规行使集体资产所有权。

（五）加强产权保护。严格保护集体资产所有权，防止被虚置。以家庭承包方式承包的集体土地，采取转让、互换方式流转的，应在本集体经济组织内进行；采取出租（转包）或者其他方式流转经营权的，应报发包方书面备案。村庄撤并的，未经社员大会通过不得打乱原农村集体经济组织界限，不得随意合并、平调集体资产、混淆集体财务会计账目，资产收益仍归原农村经济组织成员所有。

（六）严格收益分配。村经济合作社年终应按照权责发生制原则核算全年收入和支出，清理资产和债权债务，收缴各项欠款，搞好承包租赁合同结算和兑现。当年净收益在提取公积公益金、福利费后方实行按份额（股份）分红。征地补偿费、国家和村属企业或集体资产转让所得、外单位及个人捐助赞助、留用地指标折算的集体经济发展资金等款项不得列入当年收益分配。

## 三、规范农村集体经济组织体系

（七）规范内设机构。村经济合作社的权力机构是社员大会，执行机构是村经济合作社管理委员会（社管会），监督机构是村经济合作社监督委员会（社监会）。村经济合作社可以设社员代表大会，社员代表大会经社员大会授权行使事权。不能以股东大会代替社员大会，不能以董事会代替社管会。村经济合作社应完善章程，对年度财务预决算、重大项目招投标、重大经营决策、重大资产处置等集体经济重要财务和经营事项的决策，应经社员（代表）大会审议通过。

（八）加强登记管理。村经济合作社是集体资产管理主体，县级农业农村主管部门负责向本辖区内村经济合作社发放组织登记证书，赋予统一社会信用代码，做到应登记尽登记，村经济合作社据此向有关部门办理银行开户、印章刻制、票据开立等经营管理活动。全面实行社员登记备案制度，村经济合作社应将社员信息以及持有集体收益分配权份额（股份）人员信息录入管理系统。

（九）完善治理机制。在基层党组织领导下，明晰村经济合作社与村民委员会、社监会与村监会的职能关系，形成“党建统领、村务自治、经务自主、监督合署”的治理构架。有条件的地方可实行村民委员会事务和集体经济事务分离，在理清权责的基础上，探索推行村委会和村经济合作社财务分设行政账和经济账，实行资产、账务和核算分离。

## 四、优化农村集体资产运行体系

（十）开展清产核资。村经济合作社每年要对集体所有的各类资产进行清查核实，按照统一清查内容、统一清查方法、统一公示公开、统一登记文书等“四统一”要求，严格把握清产核资政策界限，做到不遗漏、不重复、不错登。清产核资结果要向全体社员公示，并经社员（代表）大会确认。

（十一）加强财务管理。严格账户管理，严禁“多头开户”、公款私存。实行组账村管，组级资金统一存入村级账户管理，按小组分别建账，不得以个人名义存放。鼓励村集体大额资金竞争性存放，村集体大额资金标准由各县（市、区）根据实际情况确定，竞争条件可综合考虑对村集体经济发展贡献、农户普惠金融推广力度、服务水平等因素设置，可委托县级农业农村主管部门或乡镇（街道）组织公开招投标，确定存储的商业银行。严格执行村级财务开支审批制度，由村党组织书记、村民委员会主任、村经济合作社社长和村务监督委员会主任联审联签；实行“一肩挑”的村，村民委员会副主任和村经济合作社副社长参与联审联签；不设副主任、副社长的村，由村务联席会议研究确定 1 名村民委员会班子成员和社管会成员参与联审联签；城市社区经济合作社财务支出，应指定一名党组织成员或社管会成员联签。严格执行村级非生产性支出有关规定，严禁将村级招待费等非生产性支出转由村内其他组织和经济实体开支。严格规范村级劳务用工，县级农业农村主管部门和乡镇（街道）要指导村经济合作社建立健全用工登记、派工、考勤、结算、公示制度。

（十二）强化资产管理。村经济合作社要按照“清查、登记、申报、建档、公示、审核”程序建好资产资源台账。加强村级合同管理，清理长期、低价、不规范合同，集体资产资源实行承包、租赁、出让经营的，须签订规范的书面合同，合同内容应包含租金市场调节机制。引导村经济合作社对资产资源租赁设置适当年限，资源发包一般不超过 15 年，房屋等不动产出租一般不超过 5 年。

（十三）推进市场经营。积极探索村集体经营性资产开展市场化、竞争性运营，鼓励有充足资金和优质资产资源的村经济合作社采用独资、入股、合资、合作等形式，通过经营公司经营集体资产。加强各类村属企业管理，村经济合作社独资、控股或多村联合投资的企业，应建立权责明确的内部监督管理和风险防控制度，鼓励企业会计委托乡镇（街道）代理制度，推动村级集体经济审计向村属企业延伸。鼓励有条件的村采取向社会公开招聘职业经理人，提升村级集体资产运营管理能力。村干部在村属企业兼职的，原则上不得在企业取酬。村属企业年度资产负债、净利润、利润分配情况向社员公开。

（十四）规范产权流转。建立全省联网的农村产权流转交易数字系统，推动农村承包土地经营权、农村集体经营性资产出租等集体产权流转交易。建立健全农村集体资产资源分层交易机制，细化制定分层交易标准，制定交易管理办法，健全市场交易规则，推动县（市、区）人民政府规定的标的额以上的农村集体资产全部进入市场公开交易。维护进城落户农民土地承包权、宅基地使用权、集体收益分配权，推动上述权益依法自愿有偿转让。

（十五）防范经营风险。推行村级财务预决算制度，村经济合作社年初应当编制全年资金预算方案，按民主程序形成决议并张榜公布，预算执行情况和决算结果要向全体社员公布。筹集资金应当履行本集体经济组织决策程序，确定筹资方式、规模和用途，控制筹资成本和风险。村经济合作社应当合理控制债务规模，乡镇（街道）要设置村级债务规模警戒线，并对村经济合作社及社员发布预警信息，防止出现大规模债务风险。

## 五、健全农村集体资产监管体系

（十六）强化民主监督。凡涉及全体社员利益的重大事项，按照“五议两公开”制度规定履行民主决策程序，不断提升民主化水平。村经济合作社主要经营管理人员，应当每年接受组织生活会、社员（代表）大会对其履职情况的民主评议。社员代表可通过列席联席会议、公开招投标现场活动等方式，对村级经营性事务、村级组织及其成员履行经营管理职责行为进行监督。

（十七）强化社监会监督。村经济合作社社监会要积极发挥监督作用，会同村务监督委员会，定期检查村级村务开支和公开、村级资产管理、村级工程项目建设、惠农政策落实等情况。推行社监会定期报告制度和倒查制度，每月向党员、社员代表报告监督情况，对村干部涉及集体资产管理违纪违法、社务管理出现严重问题的，倒查社监会主任责任。

（十八）强化社会监督。开发“阳光公开”场景应用，以数字化改革把“三务”公开穿透到村、到户、到人。有效运用“三务”公开栏及广播电视、手机应用等现代信息媒介，将集体资产管理运行情况以多种形式进行公开。畅通阳光公开投诉质疑渠道，建立快速响应机制，鼓励开展村级财务“督查日”“质询日”等活动，主动接受群众监督。

（十九）强化审计监督。县级农业农村主管部门和乡镇（街道）要采用直接审计、交叉审计、第三方中介机构审计等方式开展农村集体经济审计，重点对村级财务管理制度执行、财务收支和收益分配、承包租赁转让等合同签订履行、集体土地征收征用补偿费分配使用、农村债务、村集体专项资金提取使用等情况开展审计监督，及时公布审计结果。原则上村级组织一届内审计不少于 2 次，发生重大信访事项和村干部离任必审。

（二十）强化部门监督。落实乡镇（街道）对农村集体资产管理的监督责任，加强农村经营管理机构对本区域内农村集体资产管理的业务指导、技术培训和监督。加强与纪委监委、审计等部门协调配合，推进村级组织审计巡察工作，共同做好农村集体资产管理监督。组建省农村集体资产管理服务中心（非编制单位），支持有条件的地方在农业农村主管部门增设农村集体资产监督管理委员会、集体资产管理服务中心。

## 六、强化农村集体资产管理数字化改革

（二十一）推进数字系统建设。开发上线省市县乡村一级联网的“浙江省农村集体经济数字管理系统”（“浙农经管”应用），全面构建农村集体资产数字化应用执行链。村级财务在“浙江省农村集体经济数字管理系统”核算，同步开展原财务数据迁移归集，准确、平稳、高效做好系统数据初始化结转。加强与纪委监委、组织、民政、审计等部门衔接，打造集体资产管理多跨场景协同应用，实现集体资产管理过程全留痕、可追溯、可倒查。

（二十二）推行集体资金线上管理。建立健全集体资金线上审批、银联直付和村务卡制度，推行“无纸化”审批、“非现金”收付，对村级账目和资金链实行全程信息化监控。持续扩大村级转账支付覆盖面，除慰问款等小额、零星费用外，村级集体资金支出均通过公务卡或转账方式进行，实现痕迹可追溯。在原有银行转账收款基础上，鼓励引入“扫码收款”方式，通过由开户银行提供扫码支付收单产品和手机支付功能于一体的聚合二维码，推行“线上收付”。

（二十三）开展村级集体资产三色管理。开发“浙农码”村社版应用，以账务报结、开支审批、债权债务、合同履行、资产处置、公示公开等核心数据为基础，根据集体资产运行高危风险、中低风险、健康安全等行情形成红、黄、绿三色浙农码，发挥动态管理、实时监管、关联分析、智能预警效应。

## 七、切实加强领导和政策保障

（二十四）加强组织领导。各地要把加强农村集体资产管理作为实施乡村振兴战略、建设清廉村居和推进共同富裕的重要内容，配齐配强人员力量，健全责任机制，抓好指导检查和督促落实。各地农业农村主管部门要积极协调纪委、监委、组织、财政、民政、审计、建设、自然资源、水利等相关职能部门，形成齐抓共管整体

合力；各乡镇（街道）要履行好集体资产管理监督主体责任，强化机构、人员、经费、场所、数字系统硬件等保障，加强对集体资产管理工作的领导、监督和管理。严格按照系统化、体系化要求，构建所辖地区农村集体资产管理目标体系、工作体系、政策体系、评价体系，梳理建立问题、任务、责任“三张清单”，细化量化目标举措，确保工作落实落地。

（二十五）加强队伍建设。稳定村级财会人员队伍，探索建立准入制度和岗位退出机制，参照享受财政补贴的村干部标准和工作量大小确定报酬待遇，原则上不低于村主职干部报酬的二分之一。加强乡镇（街道）集体资产监管力量，各乡镇（街道）应在相关内设机构明确农村集体资产管理职责，明确专人负责日常工作，不得兼任代理会计。稳定代理会计队伍，根据业务量合理配置代理会计数量，一般每人代理村数不超过 5 个；推行代理会计定期驻村、定期走访调研等制度，加强对村级财务实质性审查；有条件的地方可通过购买服务方式，委托有资质的第三方机构实施代理服务，完善会计委托代理工作人员职业化管理。加大各级集体资产管理人员业务培训力度。

（二十六）加强绩效评价。将农村集体资产管理工作纳入农村经营管理工作评价体系，作为乡村振兴考核的重要内容。开展农村集体资产管理标杆县建设，制定相关标准，分批推进创建。各市、县（市、区）要把集体资产管理监督工作纳入对下级年度目标考核和基层党建述职内容，建立定期检查通报机制，及时发现问题，推动问题整改。对发生在农村集体资产管理领域的严重违纪违法问题，一律实行责任倒查。及时总结推广先进典型经验，形成示范引领效应。

本意见自 2021 年 12 月 1 日起施行。

# 十七、浙江省人民政府办公厅《关于加强村级非生产性开支监督管理的意见》

各市、县（市、区）党委组织部、农业局（农办）、财政局、民政局：

为加强村级集体资产管理，减轻村级组织负担，推进农村党风廉政建设，根据中央八项规定和《农村基层干部廉洁履行职责若干规定（试行）》（中办发〔2011〕21号）、省委“六个严禁”、“28条办法”要求以及《浙江省人民政府办公厅关于进一步加强农村集体资金资产资源管理的意见》（浙政办发〔2011〕135号）等文件要求，现就加强村级非生产性开支监督管理提出如下意见：

## 一、重要意义

村级非生产性开支主要包括用于村级组织和村干部（指村党组织、村委会、村务监督委员会和村〔股份〕经济合作社管委会成员，下同）的报酬补贴、办公和会务费、交通差旅费、招待费、外出学习考察、报刊订阅以及捐助赞助等各项费用支出。近年来，我省各地认真贯彻中央和省委省政府工作部署，在发展壮大农村集体经济、建立健全村级组织的同时，不断加强集体“三资”管理，完善规章制度，着力控制村级非生产性开支，取得较好的工作成效。但随着工业化、城镇化和新农村建设的深入推进，农村集体经济实力和资产规模不断扩大，村级非生产性开支逐渐增加，监管工作面临许多新情况、新问题，村级招待费居高不下问题比较严重，管理费用控制不严、村干部违规外出考察、违规发放补贴等现象时有发生，损害了集体经济组织及其成员利益，已经成为农民群众反映强烈的突出问题，影响集体经济发展壮大与农村社会和谐。加强村级非生产性开支监督管理，是加强农村集体资产管理的基本要求，是减轻农民负担的重要内容，也是推进农村基层党风廉政建设、增强基层组织战斗力、维护农村社会和谐稳定的重要措施。各地要高度重视村级非生产性开支监督管理工作，切实加强组织领导，采取积极有效措施，进一步提高管理水平。

## 二、基本原则

村级非生产性开支管理要全面纳入农村集体资产管理体系，把握以下原则：

（一）管理规范、公开透明原则。严格按照农村集体资产管理规范化建设要求，认真执行财务联签联审和收支逐笔逐项公开、三年轮回审计等制度，推进村级财务规范化、制度化建设，全面接受集体经济组织成员监督，切实做到民主理财、阳光操作。

（二）量入为出、收支平衡原则。村级集体经济组织应按照财务收支预决算制度要求，将各项收入、支出入账核算，以收定支，强化预算执行。

（三）厉行节约、因地制宜原则。村级非生产性开支实行“定性、分类、限额”管理，根据当地实际和集体经济发展水平，合理确定标准，精细使用、从严控制。

## 三、主要内容

（一）规范村干部报酬补贴。按照中央和省有关规定落实村干部的报酬和误工等补贴，村干部工作报酬与工作绩效、日常管理任务挂钩。各地要根据行政村规模大小、集体经济发展状况、工作职责和实绩等制订相应标准。村级财会人员应享有稳定的补贴和待遇保障，各地可参照享受财政补贴的村干部标准和工作量大小确定。严禁违反规定巧立名目发放各类补贴、津贴、奖金，严禁在专项资金中列支或负债发放村干部补贴。严禁用集体资金为村干部配备移动电话，严格控制通讯费支出。

（二）规范办公会务费支出。村级组织应本着必需、节俭原则购置村级办公用品、布置办公场所、安排工作经费。不得用集体资金购买贺年卡、挂历、年历等物品和登播祝贺性、拜年性广告。村级会议一般不安排用餐，确需用餐的，严格执行工作餐制度和用餐标准，不得列支烟、酒费用，不得发放会议纪念品，报账时附会议签到单和会议通知。各级、各部门在村召开的现场会、推进会、观摩会等产生的费用由会议主办单位承担。节俭安排村级文化娱乐活动，严禁以集体资金支付高消费演出和活动。各地应按照财力和村所承担工作任务实际核定村级办公用品购置费、党建经费等维持村级组织正常运转所需开支，确定村级组织的会议和活动经费额度以及村级会议用餐标准。

（三）规范管理交通差旅费。村干部因公外出（村干部在本乡镇、街道开会办事除外）所发生交通、餐饮、住宿等开支，由各地根据中央和省有关规定，结合实际情况制定差旅费标准并严格执行，不得另外报销餐费。除突发性事件、突击性任务等特殊情况外，村级组织不得租用车辆。

（四）严格控制招待费支出。村级行政性公务一律实行“零招待”。各级部门党政机关及所属单位到村开展公务活动、村与村之间工作联系及村与上级有关部门之间的工作联系、招投标事务等村级公务不得开支招待费用。严禁用村集体资金宴请招待到村开展公务活动的机关工作人员，确需在当地用餐的，由用餐人自理费用；严禁用村集体资金购买礼品卡、土特产、香烟及各种有价证券、支付凭证；严禁用村集体资金到休闲娱乐场所消费；严禁各村之间及村内以任何名义用集体资金相互宴请、赠送礼品及安排其他消费活动。村级公益事务和商务招待费支出实行限额制并严格执行，具体标准由各地根据行政村人口规模和集体经济收入等情况制订。招待费支出一事一结，不得签单、赊账，原则上不得跨年度列支；报账相关票据须注明经手人、证明人、招待对象、招待人数及招待事由，按规定在村务公开栏、有线电视“三务”公开栏目等平台上进行公开。

（五）严格控制外出学习考察。严禁村级组织无实质性内容、无明确考察目的的学习考察；严禁借学习考察名义变相旅游；严禁外出途中擅自变更路线、延长日程、增加地点；严禁与学习考察内容无关的人员参加。确因工作需要组织村干部（党员、村民代表）外出学习考察的，须事先召开村班子会议研究，提交社员（股东）代表会议讨论通过，并报乡镇（街道）批准后方可实施。学习考察相关费用票据、会议决议，连同乡镇（街道）报批手续报乡镇（街道）农村集体“三资”管理服务中心入账。上级部门组织的学习、培训、考察，凭通知按规定标准报销费用并入账。村干部个人参加学历进修的，费用自理。

（六）限额订阅报刊。实行村级组织公费订阅报刊费用审核制度和限额制度，严格执行《浙江省人民政府办公厅关于进一步做好减轻农民负担工作的意见》（浙政办发〔2012〕131 号）规定的村级组织公费订阅报刊“限额”标准，并限于订阅党报党刊、农村经济发展等报刊，杜绝订阅娱乐性杂志。村级组织要及时制定报刊订阅预算，填制申报单，经村级组织相关负责人签字，报乡镇（街道）农民负担监督管理部门审核同意后方可列支。凡超过限额的，乡镇（街道）农村集体“三资”管理服务中心不得报销入账，超额部分由征订当事人承担。

（七）严禁捐助赞助。严禁任何部门和组织以会费、捐赠名义向村级组织摊派费用，村级组织不得以捐款、赞助、贺礼费等名义向外捐款。

## 四、工作要求

（一）落实工作任务。各市、县（市、区）要根据本意见，结合实际制定出台村级非生产性开支管理实施细则，确定各类村级非生产性开支的报销条件、报销方式和报销标准，将村级非生产性开支规范管理工作列入乡镇（街道）考评，将职责履行情况作为领导干部工作考核内容，并与村主职干部的绩效考核、基本报酬、评先评优挂钩。乡镇（街道）要把握政策界限，加强宣传引导，注重建章立制，认真做好村干部和村级财会人员等培训，不断深化村级非生产性开支规范化管理工作。

（二）明确职责分工。乡镇（街道）党政主要领导为村级非生产性开支规范管理工作第一责任人，分管领导负具体领导责任。村（股份）经济合作社社长（董事长）为村级集体经济管理的第一责任人，对本村财务工作负总责；村务（社务）监督委员会负责对村级财务的监督，提出监管意见，禁止违规开支；村级财会人员对财务工作负具体责任，应及时、准确地做好报结账工作，认真审核票据和业务的真实性，对不规范、不合理的票据应拒绝报销入账。各级农业部门要与组织、财政、民政等部门密切协作，共同研究相关政策、落实工作措施、加强指导协调。组织部门要将村级非生产性开支监督管理职责履行情况作为领导干部工作考核的内容；农业部门要认真履行“三资”监督管理和农民负担监管职责；财政部门要进一步规范农村集体财务制度统一村级非生产性开支列支科目，实行动态监察。

（三）强化监督检查。各县（市、区）要经常性开展控制村级非生产性开支工作联合检查，深化阳光公开，设立举报信箱和电话，认真查处举报线索，主动接受群众和社会监督。要充分发挥“三资”监管网络作用，强化监督力度并将村级非生产性开支纳入农民负担日常监管内容。深入开展农村集体经济财务“三年一轮审”工作，发现涉及村级非生产性开支问题要及时纠正整改，切实健全监管长效机制。

（四）严格责任追究。违反有关规定的行为和问题，要按照《浙江省违反村级财务管理规定行为责任追究办法》严格追究相关责任人员的责任；对发现的涉嫌违纪违法问题，移交纪检监察机关或有关部门处理，构成犯罪的移送司法机关依法处理。

# 第四篇

# 警示案例

# 十八、青田县瓯南街道某村村民委员会原主任陈某平严重违法案

“真看不出来，他居然胆大包天侵吞村集体资金300多万，幸亏县监委把事情查出来了!”日前，浙江省青田县瓯南街道纪工委监察办向湖边村通报了湖边村村民委员会原主任陈某平严重违法案，当地村民拍手称快。

## “抢抓商机”欲谋私利

事情还得从2012年说起。10月中旬，县公交车公司到湖边村考察，意欲在老铁路桥旁兴建公交车站。时任瓯南街道湖边村村民委员会主任陈某平得到消息后，迅速与村两委干部商议，组织召开村民代表大会，表决通过老铁路桥旁公交车站填方工程项目，并明确将该项目承包给村民陈某，项目资金先由村集体垫付。本是一件利民兴村的好事，却最终因公交车站项目未落在湖边村而不了了之。

看着老铁路桥旁已经填好的土地与不远处新建的居民楼，曾经做过“包工头”的陈某平发现了“商机”：“这边地理位置不错，如果我把湖边村老铁路桥与高铁桥之间的滩涂都填起来，以后卖给房地产商应该能赚一大笔钱吧!”想到这里，兴奋不已的陈某平立即找到当地的房地产开发商周某商议。在了解到周某对该块土地有强烈的收购意愿后，陈某平更是觉得自己的“暴富大计”十拿九稳。

2013年上半年，陈某平组织人员对湖边村老铁路桥与高铁桥

之间的国有滩涂进行违法填方。为节约施工成本，防止人员偷工减料，陈某平每天最早到达、最迟离开施工现场，负责安排、监管填方工程各项事务，可谓是事无巨细、尽心尽责。历时 9 个多月，终于完成了 1 万余平方米的填方。此时的陈某平，已然陷入了“土地转卖入百万、万丈高楼平地起”的美好幻想之中。

## “黄粱美梦”蓦然破碎

“你那块地是国有滩涂，填好也没办法审批用于开发房地产，我不要了……”2013 年下半年，房地产开发商周某的一通电话彻底打破了陈某平卖地暴富的“黄粱美梦”。幻想中“寸土寸金”的 1 万余平方米土地，也从“香饽饽”变成了眼下无人问津的“烫手山芋”，已投入的工程款共 328 万元打了水漂。

很快，这块地无法出售的消息不胫而走。负责提供材料、物资运输、具体施工的“各路人马”找上门来，向陈某平讨债。与此同时，当初负责公交车站填方工程项目的陈某也多次要求村两委兑付工程款。

按理说，公交车站填方工程项目已经通过村民代表大会，工程款可以及时兑付，为什么会出现一拖再拖的情况呢？“国有滩涂违法填方工程款共 328 万元，这么多钱我根本拿不出来。我心里想着，我的违法填方地块就在公交车站填方项目旁边，可以把两个项目伪装成一个整体从村集体资金中支钱。”讯问中，陈某平坦言道。面对 300 多万元的亏空，陈某平趋利避害的本性暴露无遗，一不做二不休，毅然将公交车站填方项目与自己的违法填方项目“打包”，意图把巨额损失全部“转嫁”给村集体。

## “各怀鬼胎”同流合污

要想从村集体资金中套取工程款，必须获得村两委干部的支持。为此，陈某平开始隔三差五地邀请村两委干部吃饭，见时机成熟便提出了将老铁路桥与高铁桥之间的国有滩涂违法填方工程与村公交车站填方工程“打包支付”的想法。

“这国有滩涂填方不是村里的项目，也不能用于开发，从村集体账户支钱显然不行。”刚开始，村两委干部还立场坚定，纷纷提出反对意见。而出现这种状况，也在陈某平的意料之中。他明白，如若不给他们点甜头，谁也不会冒险帮他。

“当初你们有难处的时候，我可是二话不说就借了钱。现在我需要帮忙，希望你们也能支持。当然，我也不会白拿了这好处。”陈某平首先打出了一张“免债牌”，通过免除时任湖边村党支部书记陈某标 10 万元、时任湖边村党支部委员陈某敏 10 万元、时任湖边村党支部委员陈某楼 8 万元债务，让他们投出了“赞成票”。

在剩余的村两委干部中，有部分人直接或间接参与了国有滩涂违法填方工程，有个别人尸位素餐、随波逐流，都对陈某平的违法操作表示默认。就这样，陈某平或以利诱人或以势压人，“摆平”了所有村两委干部。2016 年 3—4 月，湖边村先后召开村两委会议和村民代表大会，顺利通过了由村集体支付湖边村老铁路桥和高铁桥之间国有滩涂填方（包括违法填方和公交车站填方）工程款的决议，328 万元国有滩涂违法填方损失全由村集体“买单”。

这场“一人主演，多人作配”的大戏，看似天衣无缝，却早已留下蛛丝马迹。2019 年 4 月，青田县委对村巡察时发现了陈某平相关违法问题线索。2020 年 9 月，陈某平接受青田县监委监察调查。经查，陈某平利用职务便利，违规套取村集体资金 328.3735 万元，其涉嫌违法犯罪问题被移送至司法机关处理。2020 年 12 月，因犯职务侵占罪，陈某平被判处有期徒刑 5 年，赃款人民币 328.3735 万元退还村集体。另外，陈某标、陈某敏、陈某楼 3 名涉案村干部均被开除党籍，其中陈某标、陈某敏因犯非国家工作人员受贿罪被判处有期徒刑 10 个月，缓刑 1 年，并退出赃款共计人民币 20 万元上缴国库；陈某楼因犯非国家工作人员受贿罪，被判处有期徒刑 8 个月，缓刑 1 年，并退出赃款共计人民币 8 万元上缴国库。

# 十九、缙云县新建镇某村干部严重违法案

“当村干部一定要问心无愧，不要和贪字沾边。现在我犯了罪，子孙的名誉都要受影响，后悔也来不及了！”在留置点接受审理谈话时，浙江省缙云县新建镇凝碧村原村党支部书记张某飞涕泪横流，悔不当初。

2021 年 2 月，张某飞及凝碧村原村监会主任杨某强被缙云县纪委县监委留置，与此同时，凝碧村还有 5 名村干部抱着现金到缙云县纪委县监委自首退赃。

随着审查调查的深入，凝碧村张某飞、杨某强、朱某根（原村委会主任）、张某琴（原村党支部副书记）、刘某全（原村党支部委员）、张某忠（原村委会委员）、张某恭（原村委会委员）等 7 名村干部集体腐败的违纪违法事实逐渐浮出水面。

## 巧用名目　用脱贫消薄谋取私利

2019 年初，在一次脱贫攻坚工作会议中，时任凝碧村党支部书记的张某飞提出了“用村里闲置资金购买店面房收取租金来增加村集体收入”的建议。

消息灵通的新建镇某楼盘销售人员张某某立即和张某飞、杨某强和朱某根这三名村主职干部联系，推荐购买她销售的楼盘商铺，并告诉他们：“宋总对客户很客气，买房会有优惠，如果生意能成，不会让村干部吃亏的。”

张某某口中的“宋总”即楼盘开发商宋某某，所谓的“优惠”

即宋某某会给村干部个人“好处费”。

一方想要卖商铺，一方想要好处费，还能扣上“为村集体谋利益”的“高帽”，双方“一拍即合”。之后张某飞与杨某强、朱某根三人达成一致意见——购买商铺，“好处费”由 7 名村干部瓜分。

“我以为在这个事情当中，每个干部都拿一点好处，事情就不会被发现。”张某飞坦白道。

## 书记带头　三轮“谈判”要来“好处费”

开发商宋某某首先找到张某飞，商定拿出购房款的 15 个点作为“好处费”，除去给其他村干部的，剩余全部给张某飞个人。这是关于“好处费”的首轮“谈判”中，张某飞亲自与宋某某敲定的“总额”。

2019 年 1 月，张某飞带领所有村三委干部前往该楼盘实地考察，随后杨某强、张某琴、张某忠 3 人留下来与开发商进行第二轮“谈判”，双方达成 65 万元“好处费”的协议。

“后来张某飞又单独和我说，让我再去和宋某某谈好处费，这次是给他、朱某根和我三个村主要干部分的。”杨某强与宋某某开展了第三轮“谈判”，最终谈下来 60 万元和 100 条香烟（折合人民币 9. 3 万元）。

“我没有履行好村监会主任的职责，反而觉得自己就是一个支委，肯定跟着村主任和书记干。”杨某强自我剖析道。

## 共同分赃　班子成员集体沦陷

2019 年 1 月 27 日，凝碧村与开发商签订了商铺购买协议，总价 1 200 余万元。签好合同之后没几天，宋某某联系杨某强来拿“好处费”。杨某强开车领回两个纸箱，其中一个装了 65 万元的现金，另外一个装了 60 万元的现金和 100 条香烟，随后联系其他村干部来分钱。

最终，张某飞、杨某强、朱某根、张某琴、刘某全、张某忠、张某恭等 7 人共同瓜分了 65 万元，张某飞、杨某强、朱某根等 3 人瓜分了 60 万元和 100 条香烟。此外，宋某某还按照事先约定单独给了张某飞 50 万元。

回想当时的情景，张某忠说："当时觉得这个钱不是我们故意要跟他拿，是他的一点'心意'，一点'感谢'，所以就经不住诱惑了。"朱某根说："我还拿以前当老板的思维去当村干部，角色转变没做到位，自己觉悟不够，底线没守住。"还有个别村干部表示拿钱不是主动的，而是"被推着走的"。刘某全说："如果不拿，他们要排斥你，拿了就是我自己也犯了错误。"张某恭说："他们叫我过去一起分钱，这个事情我知道了，不要不行。"

拿到钱后，几名村干部内心惶惶——刘某全把钱藏在楼梯下面，张某恭把钱放在鸭棚里。张某琴来县纪委自首时说："钱我分文未敢动，连塑封膜也没有拆掉。"

2021 年 3 月，张某飞、杨某强、朱某根、张某琴、刘某全、张某忠被开除党籍（张某恭非中共党员）。同年 7 月，缙云县人民法院以非国家工作人员受贿罪对张某飞等 7 人作出判决，其中，张某飞被判处有期徒刑二年六个月，并处罚金 15 万元；杨某强被判处有期徒刑一年九个月，并处罚金 11 万元；朱某根被判处有期徒刑一年六个月，并处罚金 10 万元；张某琴、张某忠、刘某全、张某恭等四人被判处有期徒刑一年至九个月不等刑期，并处罚金共计 22 万元。

就这样，村党支部书记没有当好带头人，村监会主任没有履行好监督职责，其他干部在半推半就中没有坚持原则和立场，为了"好处费"，他们挖空心思，绞尽脑汁，最终都步入深渊。贪欲的闸门一旦打开，侥幸的心理一旦占了上风，思想和行动自然都偏离了轨道，悔之晚矣。

# 二十、龙泉市查处党员参加党内生活违规发放误工补助案

近几年，随着农村外出务工的党员不断增多，党组织生活会参加的人员越来越少。有村委会为了提高党员与会的积极性，便向与会党员发放误工费作为补贴。

2018 年 8 月，浙江省龙泉市基层巡察第五巡察组进驻龙渊街道小白岸村开展巡察，在查阅 2013 年以来的财务凭证时，巡察人员发现 2015 年 12 月 9 日的一张报销单据上备注着“学习廉洁自律准则和纪律处分条例，领款 15 人，每人每天误工 20 元，共计人民币 300 元。”

组织学习还领补贴？带着这个疑问，巡察组随即联合龙渊街道纪工委对这张报销单据进行核实，确认单据上签名的 15 人均为小白岸村的党员，20 元则是发给当日与会党员的误工补贴。

之后，在对该街道沙潭村的巡察中，巡察组也发现了同样的问题。

20 元的误工补贴数额虽小，但从中折射出的问题却不小。

“参加党内生活，既是党员的权利，更是党员的义务。党员如果参加组织生活还要激励，还伸手要钱，这样的党员是不合格的！用发补贴的方式搞‘党内有偿活动’，组织生活就完全变了味儿，危害极大！”在龙渊街道的巡察反馈会上，第五巡察组组长钟章华就该问题向相关村进行了反馈，并要求限期整改到位。目前，存在问题的两个村已被责令清退违规发放的党员误工补贴 2 160元，相关党员受到了批评教育。

针对此类问题，龙泉市纪委监委督促各乡镇（街道）进行了全面排查，共清退违规发放误工补贴104.9万元，规范和完善了农村非生产性支出中关于误工补贴发放的相关文件。与此同时，该市还在全市范围内严抓党员教育，补足精神之钙，让参加党内组织生活成为党员的自觉行动。

# 二十一、莲都区紫金街道某村“村管家”联手设局入干股案

“本来村里建菜场是民生好事，没想到两位‘村管家’联手设局，入了上千万‘干股’，被处理真是罪有应得！”2021年上半年，丽水市莲都区紫金街道水东村原村党支部书记刘某伟、村委会主任赖某芳2人被开除党籍，并被法院判刑的消息，让当地村民拍手称快。

## 利欲熏心，抱团设“圈套”

2015年5月，水东村申请建设水东菜场。2年后，该项目获批进入实质性开发建设阶段。根据菜场出让的相关公告规定，竞买对象为在中心城区内有被土地征用的村民委员会或其全资注册的企业法人。水东村村民委员会专门成立水东投资管理公司（以下简称水东公司），成为菜场地块出让的优势竞买方，其中赖某芳任公司法人，刘某伟任监事。

建设水东菜场的消息很快传开了，不少人“闻风而动”，这其中就包括商人田某某。“这个菜场项目收益估计能翻番，你们是村里的‘当家人’，我是久经沙场的‘生意人’，到时你们把公司卖给我，我肯定不会亏待你们！”田某某主动示好，向刘某伟、赖某芳伸出了“橄榄枝”。田某某的话让刘某伟、赖某芳十分心动，在金钱和利益面前，他们与田某某一拍即合，共同布下一盘“大棋”。

“就算公司成立了，村集体哪来的建设资金？”“不用愁！只要

竞标成功，国土部门土地出让后，会给村里返还三产留地指标的回购款，这样村里就有钱建设菜场了。”为了获得村民对水东公司竞标菜场项目的支持，刘某伟、赖某芳多次召开水东村村两委会议和村民代表会议，向大家传达回购款的虚假消息。在他俩的误导下，水东村村民代表很快表决通过《菜市场项目初步处理方案》和《招商引资方案》。而这一切，只是刘某伟他们实施圈套的“第一步”。

## 步步为营，摇身变“股东”

水东公司顺利中标后，刘某伟等人又启动了下一步计划。

“听说政府回购款没了着落，水东公司既然已经中标，菜场项目必须尽快上马，建设资金这么大，村集体又没钱，根据规定本村村民入股投资也是可以的，大家有意向吗？”在村民代表大会上，刘某伟等人故意抛出由村民入股水东公司建设菜场的建议。

正如他们所料，村里没有参股者。刘某伟顺水推舟，提议道：“本村没‘能人’，只能找‘外援’了，就让田老板以我们水东公司的名义来投资菜市场建设吧，村里非但不用出钱，还能赚几十万。”

就这样，在刘某伟等人精心设计的圈套里，水东村村民代表修改并表决通过了《水东菜市场项目处理方案》，将水东村全资占有的水东公司全部股权转让给田某某，田某某一次性补偿水东村 70 万元。

殊不知，在这一次次公开表决的背后，还隐藏着不为人知的交易。刘某伟、赖某芳早已和田某某私下签订《合作协议》，对水东公司股份进行了重新“分配”，其中田某某占水东公司 60% 股份，刘某伟、赖某芳各占 20% 股份，两人的股权均由亲戚代持，且并未实际出资。经估价，两人占有的水东公司 40% 的股权在当时的市场价值高达 1 000 多万元。

## 罪有应得，贪腐食“恶果”

2018 年 10 月至 2019 年 8 月期间，田某某为感谢刘某伟、赖某芳在水东菜场项目中给予的关照，通过水东公司先后以发工资给刘某伟、赖某芳关系密切人的方式给予刘某伟好处费 20 余万元，给予赖某芳好处费 21 余万元，刘某伟、赖某芳均“欣然接受”。

2019 年 1—9 月，田某某又通过水东公司以缴纳社保费用的方式给予刘某伟 16 843. 2 元，刘某伟“照单全收”。

纸终究包不住火。水东菜市场项目还未进入实质性运营阶段，就被水东村村民察觉出了刘某伟等人的“暗盘交易”，一纸信访，将该问题举报到区纪委区监委。

经查，刘某伟、赖某芳利用职务上的便利，共同侵占村集体价值人民币 1 032 万元股份，数额巨大，构成职务侵占罪；利用职务上的便利，非法收受他人财物，为他人谋取利益，数额较大，构成非国家工作人员受贿罪。2021 年 5 月，刘某伟、赖某芳受到开除党籍处分。

最终，刘某伟被判处有期徒刑八年五个月，赖某芳被判处有期徒刑八年四个月。两人的违法所得即水东公司 40%的股权及其权益，如数返还给水东村集体。